民具学の歴史と方法

田辺 悟
Tanabe Satoru

慶友社

まえがき

高松市にある「四国民家博物館」にお邪魔したのは昭和六〇年（一九八五年）であった。前日の一一月二四日より日本民具学会の第一〇会大会が開催された翌日で、前年には筆者が勤務していた横須賀市自然・人文博物館で第九回大会（第一一回民具研究講座）があわせておこなわれたので、三〇年も前のことだが記憶に新しい。

その際、民家博物館の入口に一枚のパネルがあり、内容が筆者の琴線にふれ、当時のことがよけい強く印象に残った。その内容は、「ある老媼が、長年にわたって履いた足袋を、古いけれど、きれいに洗濯し、いたんだ部分を繕ったあと、《大変お世話になりました…》と感謝の気持をそえて、丁寧に捨てた…」という話であった。

その後、筆者は民俗学を受講している学生（社会人も含めた）に、そのパネルの内容のことを話し、「あなた達ならば、どうしますか…」と質問したところ、答は様々であった。ただ一人、「愛着があるから、まず洗う。それから考える」という意見があり、心に残った。

その理由は、「考える」という思いが民俗学をはじめ、すべての学問に共通しているからだと思ったからである。あわせて、「心象を大切にする」ことは「モノ」（もの）に拘泥することの基本の一つに思われたからにほかならない。

今日のように、「モノ」があふれている時代だから殊更に「モノ」について思いをよせ、考え、学び、日々の暮らしの中で、もう少し「モノ」に対して上質な気持で上手に付き合うことを生活の前面に押し出してはどうか。そして、その気持を強調しながら、「自分の気にいったモノ」に対して執着心を強め、共に暮らす必要があるのではないかと思ったからである。

「ヒト」との付き合いは、時に協調、妥協ということが必要であり、そのことが暮らしの潤滑油としての役割をはたすこともあるが、「モノ」との付き合いは妥協する必要もないことを考えれば、それは可能だと思う。

「ヒト」の「持ちモノ」をみせてもらうと、所有者の人柄がわかるといわれる。持つヒトの生き方も見えてくるものであるのだろう。

質素な生活、「持ちモノ」の少ない暮らしでも、心豊かに生きることはできるし、人間味のある、ふんわりした雰囲気を常にかもしだす暖かくて優雅な人生も営めるはずだ。

それは所有物に対して「シンプル　イズ　ベスト」という生き方に対する哲学をもっているからなのだろう。したがって、逆に「持ちモノ」が多いことが、暮らしや人生を豊かにしてくれることとは結びつかない。高価な装飾品を身にまとっても、心の貧しいヒトもいる。ようするに「モノ」と「ヒト」のかかわりは、「モノに対するヒトの心のあり方」によって、心が豊かにもなれば、貧しくもなってしまう。

心豊かな暮らしが背景にあるヒトは、飾りたてなくても輝いて見えるのは、「モノ」をたくさん持っているヒトが豊かだというのではなく、「モノ」と上手に付き合えるヒト、「モノ」にこだわる心のあるヒトは、輝きを増すということにつながるのであろう。

毎日使用する卓上のグラスひとつとってみても、それはいえる。テーブルに置いた、自分の選んだお気に入りのグラスやカップなどの飲食器を使って、日毎の暮らしを楽しむことができるヒトもいれば、気にもとめない雑器にかこまれて、なにも感じないで暮らしているヒトも世の中にはたくさんいるのだから…。

民具はモノである。その民具について私考を述べる前に、モノに対する想いをまず表明しておきたい。そして民具はヒトの過度な贅沢や、自然破壊に警告を発するモノのひとつとして、人間や物質文化に対する警鐘をわたしたちに告げていることを再認識すべきである。

あの、古い「足袋」の話を認めた一枚のパネルは、「民具に宿るヒトの心象」を端的に表現したもので、生産、生業にかかわる農具や漁具、諸職の民具でも、衣食住にかかわる生活の、暮らしの民具など、すべての民具に通ずる心情なのではないだろうか。

民具学の歴史と方法　目次

まえがき 1

第一部 民具学の歴史 11

1 民具学の航跡 12
2 民具学の誕生とモース 31
3 モース研究の民具学的視点 52
4 日本におけるモース・コレクションの研究 68
5 モースの民具コレクションの意義 74
6 残存民具と残滓民具の迫間 ―幕末に民具を見据えた三賢― 88
7 民具研究三五年の動向と展望 105

第二部 民具学の方法 129

1 民具学の方法(1) ―方法論を考える― 130
2 民具学の方法(2) ―鎖状連結法― 155
3 民具学の方法(3) ―釣鉤の地域差研究― 162
4 民具学の構図 184
5 民俗学からみた民具学 201

6　民具の定義　205
7　民具研究と民俗学―北小浦における民具と生活―　219
8　北小浦民具誌―風土の中の民具伝統―　236
9　民具展示の今日的意義と構成　279
初出一覧　291
あとがき　293

民具学の歴史と方法

第一部　民具学の歴史

1　民具学の航跡

（1）「民具」という造語

民具全般にかかわる先行研究や、それに続く民具学史を纏めたこれまでの主な業績をみると、宮本馨太郎が『民具入門』（一九六九年）で、次に、木下忠が『民具研究ハンドブック』（一九八五年）に、そして岩井宏實による『民具が語る日本文化』（一九八九年）や、『民具学の基礎』（二〇一一年）にその足跡が示されているのがめにつく。

それゆえ本稿では、これまで先学が纏めた学史との重複をさけ、別の切り口、観点で、民具学史の航跡や業績を検討しつつ、みていくことにしたい。

今日まで、民具学を育成させてきた土壌づくりの基礎的背景に関しては、澁澤敬三を中心に、大正末期より、昭和初期以降、アチック・ミューゼアムを拠点・根城としての民具研究と、同人たちの業績を「民具研究の軌跡と将来」（一九八四年）の中で岩井宏實が述べている。

当時の様子を、同人の一人であった祝宮静《はふりみやしず》は、「昭和八年の八月から『豆州内浦漁民史料』の編集のために、一週間に三回ぐらいアチックの二階でやっていた。前の晩、仕事がおそくなって、いわゆる〈アチック・ホテル〉に泊まった。」と述べ、さらに、その頃、「毎週金曜日の夜は研究会が開かれるので、先生も六時頃に御帰館、夕食を共にして、ゲストの講演をきき、そのあとで討論するというやり方だった。（中略）。〈みんぐ〉という新しい言葉を度々きいたのも、このときだったが、初めは外国語かと思っていた。〈民具〉と書くこともわかり、どのような物を〈民具〉と言うかもわかってきた。全くの実物教育だった。」（「祭魚洞澁澤敬三先生」・『民間傳承』二六六号・一九八七年）と記している。

『豆州内浦漁民史料』は昭和一二年から一四年（一九三七年～三九年）にかけて、三巻・全四冊が刊行され、日本農学会賞を受賞したのが昭和一五年であるから、その当時にかけてのことだ。

上掲の記述内容からすると、アチック・ミューゼアムの同人である祝宮静でさえも、「民具」という言葉とその意味がわからなかったほど、その時代には、まだ生まれたばかりの「造語」であったことがわかる。また、「当時は、研究会といってもサロン的集会であったので、先生の興味のあるテーマに内容は集中していた」と祝宮静から側聞している。それからおよそ八〇年の歳月が流れた。

（2）四つの視座

次に、本稿における「民具学の歴史」の新しい切り口とはどのような見方であるかを最初に説明したい。

その第一は、文化財保護法とその改正にともなう「官」（国の機関）にかかわる視点からみた民具研究についてである。

たしかに、民具学は、日本民俗学会を柳田國男が育てたのと同様に、澁澤敬三が育てた「民」の学問である。しかし、そればかりではなく、澁澤は「官」による育ての親でもあるのだ。ただこれまでは多くの諸賢が「民の学問」を協調するあまり、影にかくれてしまっている部分がみえにくくなっていたにすぎない。その部分が文化財保護法や、その改正に伴う文化財保護委員会に関わる「官」の部分である。

文化財保護法は、昭和二五年五月、制定公布をみた。この法律にかかわりの源を発する法の整備と、文部省（のちの文化庁）との連携による文化財保護委員会の文化財保護行政との関係と、民具（研究）学との視座である。

そして第二は、文化財保護法をもとに、文化財保護委員会が、文化財行政を推進するにあたり、その運用、徹底を期し、地方自治体の協力を得た結果についてである。全国各地で堅実な歩みをつづけ、輝かしい業績をつみあげてきた各地の行政担当職員や地域研究者、また、それらの人々を指導してきた国の文化財保護委員会に代表される面々についてであるといってもよい。あわせて、歴代の文化財調査官による航跡も大きい。

上述した二点の視座は、「文化財行政」という「官」による指導的立場から、「民具」というよりも、文化財保護法でいう「民俗資料」にかかわる調査、研究、資料の保管、活用といったことの結びつきが強く、のちの文化庁の指導で各都道府県・市区町村の教育委員会内にもうけられた社会教育課や文化財保護課（生涯学習課等）といった行政の縦の流れの中で、「民俗資料」という行政用語（条文）とともに、先づは全国的な調査、収集、保存状況調査と共に、各地の研究団体、個人の活動の現地把握から始まった側面といってよい。

そして、のちに、こうした文化庁の地道な文化財行政は、国庫補助金をうけて設立された全国各自治体の歴史民俗資料館を拠点とする職員や地域博物館に勤務する学芸員らが、日本常民文化研究所が主催した第一回の民具研究講座に出席する機会と場をつくり、そこに結集した民具研究を志向した仲間たちが日本民具学会の設立に大きな力となった点をみのがすわけにはいかない。

そして第三は、昭和二六年に博物館法が公布されたことにかかわる点である。この法律は、昭和二四年に社会教育法が制定された精神に基き、博物館の設置及び運営に関して必要な事項を定めたものだ。したがって、この法的な整備にともない、昭和二七年に博物館法施行令、昭和三〇年の博物館法施行規則（文部省令）とあいまって、博物館における民具（民俗資料）の調査、収集、分類、整理、研究、保管、展示といった学芸員をはじめとする職員の活動を活発化させるために、大きな後楯の役割をはたした。

また、あわせて、各大学においては博物館の専門職員となる学芸員の養成のための講座が開かれ、学芸員課程が設けられるようになった。こうした時代の流れの中で、かつてのアチック・

ミューゼアムの同人であり、文化財保護委員会とのかかわりを深くもちつづけ、実績のあった宮本馨太郎が、「官」の立場において果たした役割も大きかった。

このように、第三は、博物館法の制定と、博物館（特に地域博物館）、国庫補助金をうけて設立された各地の歴史民俗資料館等を拠点とした職員の活動が民具研究や民具学会設立のための人的な層を厚くし、大きな後楯となったことである。

第四は、民具研究（民具学）がこれまで継続、発展してきた、およそ半世紀の歴史の中で、忘れてはならないのは、間接的な要因といってしまえばそれまでだが、民具研究をささえてきた出版社の存在、役割である。

財団法人日本常民文化研究所の理事長に有賀喜左衛門、常務理事に河岡武春が任についた頃から同所は、それまであった吉祥寺から（二七頁参照）、三田にあるマンションの一室に移り、新鮮な機運のもりあがりをみせはじめた。

この時期はアチック・ミューゼアムの開設五〇周年を目前にして、日本常民文化研究所も民具の研究者層を厚くするための方策をめぐらしており、最初は書肆慶友社の宮嶋秀と相談して普及活動に力を注ぐようになった。

その成果の具体的な業績は、アチック・ミューゼアム時代の昭和一〇年七月から、昭和一五年八月まで刊行されていた「アチックマンスリー」の復刊ともいうべき「民具マンスリー」の発刊をあげることができる。あわせてこの時代には、「足半の研究」の延長線上にあり、昭和一三年にはじめたが、結果はまとまらなかった「筌の研究会」を再開したり、昭和九年五月に実施した「薩南十島の共同調査」等にならい、同所が企画して、下北半島における共同調査を昭和四七年七月下旬に一週間にわたりおこなうなどした。その結果、民具に興味や関心をもつ研究者層の幅を広げることができ、あわせて研究者同志の横の連携を密にすることができた。

以下、上述した四つの切り口を骨格に、肉付けをおこないつつ詳述していきたい。

（3）民俗資料が加わる

第一に述べたように、文化財保護法が制定された当時は、文化財を有形文化財、無形文化財、史跡名勝天然記念物の三本柱としてきたが、そののち、昭和二九年の改正により、有形文化財、無形文化財、民俗資料、記念物の四本柱となった。すなわち、この改正により、新たに民俗資料が加えられたことが、後に民具研究や民具学を「官」（国の機関）を後楯とし、大きく発展させることになったのである。

民俗資料が新たに独立した理由は、それまで有形文化財のなかに含まれてきたものの、「民俗資料は、物心両面にわたる人間生活の全領域に関係するものであって、有形の文化的所産だけでなく、無形の文化的所産をもふくんでいること、および日常生活に深く根ざすもので実用性が重んじられ芸術的な鑑賞の対象とはならないこと。したがって評価の態度や基準にも、おのずから他の文化財とは、はっきり異なるものがあることを認めなければならなかった」ことによる。

（祝宮静『日本の生活文化財』第一法規・一九六五年）。

そして、民俗資料について、どのようなものをいうのかを、文化財保護法で定義づけ、「衣食住、生業、信仰、年中行事等に関する風俗慣習及びこれに用いられる衣服、器具、家屋その他の物件でわが国民の生活の推移の理解のため欠くことのできないもの」を民俗資料とした。

このように法律では「民具」という用語を使っていないが「民俗資料」という用語は、昭和九年、『民間傳承論』の中ですでに柳田國男によって「民俗資料の分類案」が示されるなどしていたため、ある程度は世間に知られており、第一部・有形の文化、第二部・言語芸術、第三部・心意現象などに分けられてもいた。

したがって、文化財保護法の改正により、初めて有形文化財から民俗資料が独立してとりあげられ、その重要性も国家的に認められるようになった。

そして、「民俗資料」と「民具」という用語のかかわりは、今日でもわれわれ民具学徒が民具の範囲、内容について、見解や定義のしかた、考え方のちがいはあるものの、内容的に重なる部分が多いため、以後、文化財または博物館学的用語（後述、「民具学の構図」一八四頁参照）として、この方面の関係者、専門家を中心に、使われる頻度が増えるようになったという経緯があるのだ。

しかし、そこに至るまでの道程は厳しく、当時は民俗資料という用語はもとより、内容的な認識はまだ低かった。それは民具という言葉も同じで、一般的にはなじみのない言葉でもあった。

そこで、文化財保護委員会は各地で民俗資料に関する講習会を開くこととし、東京都、長野県、新潟県など、当時、民俗学に関心をよせる人々が比較的多いと思われる地域で啓蒙を図ることを企画、実施した（『文化財保護法五十年史』文化庁・二〇〇一年）。

その際、長野県では松本市が会場となり、のちに県教育委員会が『民俗資料とはどんなものか』を発刊している（「信濃講座」(4)・一九五四年）。

祝宮静（左）と三重県鳥羽市神島調査中の筆者（中）
1972年（昭和47年）8月20日

ちなみに、当時の講師陣は最上孝敬、田原久、向山雅重、宮本馨太郎、岡正雄、一志茂樹の面々であった。こうした活動の中から、のちに、岡正雄らにかかわりの深い松本市に「日本民俗資料館」が誕生し、田中磐館長がその管理・運営にあたることになった。

なお、昭和二八年四月、記念物課の民俗資料を扱う部門を新設するため、事務局機構を改めるにあたり、元國學院大學教授、東京農業大学で教鞭を執り、郷里の宇佐八幡宮にもどっていた祝宮静を澁澤敬三のはからいで主任技官《ママ》（当時）にむかえ、文部技官に田原久、立教大学教授の宮本馨太郎がスタッフの席についた。当時の民俗資料部会専門委員は、長谷部言人、岡正雄、折口信夫、柳田國男、今和次郎、金田一京助、澁澤敬三であった（『民間傳承』第一七巻・第五号・昭和二五年五月）。

この頃の国（官）の保護施策の中に、民俗資料として民具の保存、収集が組みこまれたいきさつについて、木下忠は「アチック・ミューゼアム以来の収集と研究の実績をもつ澁澤敬三の共鳴者の働きがあったと仄聞《そくぶん》している」と記している（『民具研究ハンドブック』・「民具研究の歴史」雄山閣・一九八五年）。

（4）文化財保護行政と共に

次は第二で述べた、文化庁の地道な文化財行政にかかわる点についてである。

昭和三〇年代にはいると、文化財保護委員会は、民俗資料の保護をさらに進めるための方策にのりだした。

まずは、民俗資料の保護を進めるための基礎資料の集積が必要であるとして、全国都道府県教育委員会の協力を得て、民俗資料の全国的な実態調査を行うことが企画され、実施された。

最初の昭和三二年には、埼玉、千葉、神奈川、静岡、長野、新潟、宮崎の七県についておこなわれたが、翌年の昭和三三年には、青森県のほか九県におよんだ。

この調査は公立中学校の通学区域を調査単位とし、中学校の教員一名を調査員としたうえで、比較的短期間に集中して成果を得ることを試行したものであり、その後の民俗文化財調査のモデルとなったものである。

こうした予備調査の成果を受け、昭和三七年～三九年度にかけて都道府県の民俗資料緊急調査が国庫補助事業として実施され、以後、国庫補助による全国規模の民俗文化財の調査が盛んに行われるようになる（大島暁雄「日本の漁村・漁撈習俗調査報告書集成について」『関東地方の漁村・漁撈習俗』第三巻・東洋書林・二〇〇三年）。

なお、上掲の引用文中で「民俗文化財調査」とあるのは、文化財保護法がのちの昭和五〇年に改正された際、民俗資料が民俗文化財と改められた結果の記述にすぎない。したがって、民俗文化財の調査は民俗資料調査と内容項目は同様のものとみてよい。

また、当時の調査において、民具学史として重要視すべきことは、調査項目（五項目）中に、すき（鋤・犂）・にお（稲積）・せおいばしご・かぶりもの・若者組があり、この方面に興味や関心をよせる民俗学徒の調査員が担当者の中にいたため、さらに、民具（民俗資料・有形民俗文化財）の調査や研究を志向する人的な層が厚みを増し、のちに「民具マンスリー」の購読者層や会員を増やす要因につながったとみてよい。こうした意味でも、民具学会設立の導火線的役割をはたした官（国の機関・文化庁）の役割はみのがせない。

以後、この種の国の補助事業としての民俗資料調査は継続的に実施されてきたが、そうした調査や民具収集の手引き書として、文化財保護委員会は昭和四〇年一二月に『民俗資料調査収集の手びき』を刊行した。

この手びきの作成は、昭和四〇年一月に設けられた「民俗資料調査収集の手びき作成調査研究会議」によるもので、岡正雄、関敬吾、最上孝敬、宮本馨太郎、直江広治、今野円輔の六氏と文化財保護委員会事務局記念物課の民俗資料担当の祝宮静主任文化財調査官、および文化財調査官の田原久とでまとめられたものである。

その内容の基になった分類の項目は、以前に澁澤敬三らがアチック・ミューゼアム（後の日本常民文化研究所）で作成したものが下敷きになったもので、昭和五四年に『民俗文化財の手びき』として改訂出版された。これら手引き書の刊行により、民俗資料（民俗文化財）調査の方法も定まり、普及することになった経緯があり、調査を担当する民俗学徒の横の連携も拡がり、さらに「民具マンスリー」の会員を増やすことにつながった。

そして文化庁企画の全国調査は、以後も、有形民俗文化財、無形民俗文化財と名称を変えながらも継続されてきた。初代調査官の祝宮静をはじめ・田原久・木下忠・天野武・神野善治・矢作尚也・大島暁雄・上江洲均・段上達雄・菊池健策らによる航跡は眼をみはるものがある。

（5）博物館法との関わり

第三で述べた点は、博物館法の制定に関連することである。法の整備にともない民俗博物館が増えたこと、のちに国庫補助による歴史民俗資料館の設立がなされたこととのかかわりである。昭和五二年に刊行された『全国民俗博物館総覧』(注)によれば、約四五〇箇所の民俗資料を収集・展示・保管する公私立民俗博物館の収蔵施設が紹介されていることをみても、その施設で民俗資料の調査、収集、分類、整理、研究、展示といった仕事にかかわる職員の数は増えつづけ、国の文化財行政がこの方面にあたえた影響は大きいものがあり、今日まで継続されてきた。

ただし、博物館の設立にかかわる国庫補助金は文部省の社会教育局(当時)施設課によるものと、文化庁サイドの担当する歴史民俗資料館建設にかかわる国の補助金は異なるものであったため、結果的には良い方向に進展したといえるであろう。

宮本馨太郎（宮本瑞夫氏提供）

平成五年、全国に歴史民俗資料館の数は四六四館におよんでいる。（建設費補助金は平成六年度以後は打切となる）。

日本民具学会が設立される初期の段階においては、こうした施設にかかわりをもっていた職員や関係者の力が大きく作用したとみることができる。あわせて、昭和二六年、博物館法が施行された翌二七年の後期より立教大学では全国の大学にさきがけて博物館学講座が開講された。そして、宮本馨太郎らにより、民俗学・考古学などの枠をのりこえた調査・研究を目的とした物質文化研究会が設立され『物質文化』が刊行されたことも特筆される。

（注）観光資源保護財団・日本ナショナルトラスト編『全国民俗博物館総覧』柏書房　一九七七年。

（6）日本常民文化研究所と書肆

そして最後の第四は、日本常民文化研究所と書肆とのかかわりにより、各種の刊行物の出版が民具研究を後押し、援護した結果、後の日本民具学会設立に大いに役立ったことである。

この件に関しては、さきに筆者が『民具研究』「民具研究三〇年の動向と展望」（特別号）の総説においてふれたところである。

日本常民文化研究所が中心となって進めた日本民具学会設立にむけての一連の動向の中にも、その足跡は如実に残されている。

具体的には、同研究所が昭和四九年に「アチック・ミューゼアム」の開設五〇周年を迎えるにあたり、昭和四〇年代にはいると、その準備に入るが、それは昭和三一年八月二五日に還暦を迎えた澁澤敬三を記念して昭和三三年に『日本の民具』（日本常民文化研究所編・角川書店刊）を出版して以来、この方面の調査、研究、普及活動等が停滞してきたことに対する反省でもあった。

いろいろと、記念事業を考えていたが、澁澤敬三が昭和三八年一〇月二五日に逝去したこともあったため、まずは「澁澤敬三先生追悼記念出版」を優先するとして写真図録『日本の民具』

（全四巻・昭和三九年～四二年）の出版となった。

この大著の出版事業にかかわったのが出版書肆慶友社の宮嶋秀である。

宮嶋は、写真家の名取洋之助（岩波写真文庫の撮影などもてがける）と姻戚関係にあったことから澁澤敬三の厳父篤二の写真集『瞬間の累積』を昭和三九年一〇月に刊行したことが縁で同研究所の河岡武春と編集に加わり、その後の『日本の民具』の出版に結びついた。

澁澤敬三との出会いにより、宮嶋は民具に特別な興味や関心をもつようになり、後に河岡と相談して民具研究の普及活動に力を注ぐようになった。その成果の一つが「民具マンスリー」（A5判四頁）の発刊で、昭和四四年には二年目を迎え八頁建ての編集にまで育った。

宮嶋　秀

最初の頃の「民具マンスリー」は、郵送料をとどければ無料で配布していたので、民具について研究、関心をよせていた人々のあいだに連携をつくりつつ広まり、読者は昭和四三年の創刊以来、五年目には全国で三〇〇名以上に増えつづけていた。発刊にあたっては、経済的理由で、所内に反対の意見もあったようだが、宮嶋がそれをすべて解決した。神奈川大学日本常民文化研究所が発行した小冊子「追悼河岡武春先生」一九八七年参照。また、同冊子の中で中村ひろ子は当時の様子を「突然、〈民具マンスリー〉が送られてきて、〈小誌は民具の基礎的な研究の確立と共に、研究者相互の連絡・提携・情報の交換を目的として創刊されたものであります。そのため小誌の製作及び費用はいっさい当方で負担いたすことになっておりますが、最近の郵送料の高騰のため送料は読者の方々に御負担いただきたく、郵送実費年一八〇円を会費として申し受けることといたします〉とあり、〈民俗学を専攻したというだけで博物館に勤務し、調査地で出会う民具は新鮮ではあったが、そこから何を読みとってよいのか立往生していた私にとって、まさに「すがりつく藁（ワラ）」に思えた〉と記している。あわせて、会員増加の理由は、この年代に、民具（有形民俗資料）をあつかう地域博物館や歴史民俗資料館等の数が増え、民具にかかわりをもつ職員や研究者の数が増えたことによった。

『日本の民具』（全四巻・慶友社）を刊行後の昭和四二年頃、同研究所は、民具研究を推進、普及するために、三つの出版事業を計画していた。その一つが上述した「民具マンスリー」の発刊であった。

そして第二は『民具論集』の刊行で、第一集は昭和四四年三月に出版された。その「あとがき」（発刊にあたって）の中にも、「民具図録の出版に異常な熱意をもつ、慶友社主宮嶋秀氏に多くを負っており、その実験は力強いかぎりです」と記されている。

論集の中で宮本常一は「民具試論」(1)を掲げ、「民具については澁沢（ママ）敬三先生が昭和の初頃から集めはじめたのをきっかけに、立教大学の宮本馨太郎教授が今日までひたすらに研究をつづけて来、民間服飾関係では遠藤武博士のたゆまぬ研究がある。そのほか文化財保護委員会に長らくつとめて民俗資料の調査保存行政にたずさわった祝宮静博士の業績もわすれることができない。」としたうえで、「私が民具の調査にとくに力をそそぐようになったのはごく最近のことである。美術の学校につとめてみると（引用者注・宮本は昭和四〇年より武蔵野美術大学に勤めるようになった）、民俗学について講ずるにしても目で見るものが中心になって来る。生活史だとか生活造形史という名の講義をするにあたっても、目に見えるものが中心になって来る。自然、民具の調査や研究に力をそそぐようになってきた。」と記している。

『民具論集』は、昭和四七年発刊の(4)で終るが、最後の座談会「最近の民具研究」は、この論集の終刊を予知させるもので、以後、確執を生じさせることもおこったと側聞している。

なお、宮本常一による「民具試論」(4)は改題して「民具学の提唱」としているが、民具学については、昭和四六年刊の『澤田四郎作博士記念文集』に「民具学提唱」を書いたのがはじめてであると後記している。

第三に計画した出版事業は『民具辞典』の編纂であった。

昭和四五年頃、日本常民文化研究所は武蔵野市吉祥寺の武蔵野美術大学内の一室にあり（一六頁参照）、同年末には「日本民具辞典」というタイトルも決め、執筆依頼にとりかかった。その編さん趣旨の中にも、「戦前、民具研究の推進に努力してまいりました当研究所の再出発に当り、慶友社の宮嶋秀氏からの申出によりまして、民具辞典の編さんを企画してまいりました。

われわれの生活様式が著しく変化しつつある今日、当然在来民具の使用も急速に消滅しようとしていますが、その一方には民具への関心がいろいろの形で高まりまして、関係文献も多きを加えております。当民具辞典はこれら最近の業績を網羅し得るとは考えられませんし、民具の全般にわたり充実した内容を盛ることもできないと存じますけれども、なるたけ最近の成果を汲み入れ、更に戦後の考古学の業績や当研究所の行ないました絵巻物研究の成果との関連を保ちまして、当研究所発足からの念願である民具研究の今後の推進のために、良い礎石となり得るような内容の、平明な解説書といたしたく存じます…」として、編さん依頼と執筆要項をそえている。

なおこの時の民具辞典編さん委員の代表は礒貝勇、遠藤武、河岡武春、櫻田勝徳、祝宮静、宮本馨太郎、宮本常一の七氏であった。しかし、この辞典編纂企画は、原稿依頼までおこなったにもかかわらず、残念ながら出版には至っていない。その理由はいくつかあろうが、その一つに、原稿依頼は昭和四五年一二月、原稿〆切が翌年二月一五日までと、あまりにも短期間での刊行を計画したことで原稿がそろわなかったことも要因のひとつであったと思われる。

以上のように、日本民具学会が誕生するまでの黎明期の様子をみると、日本常民文化研究所と書肆慶友社、「民具マンスリー」の読者（会員諸氏）が三位一体となって、学会設立にむけての土壌づくりをおこなってきたことがわかる。この間には宮嶋自身も「民具に見る日本人の性格」と題した原稿執筆をおこない関係者に配布し、普及活動をおこなっている。

また、書肆に関しては、澁澤の時代から『日本水産史』（昭和三二年）や『日本釣漁技術史小考』（昭和三七年）をはじめ、前掲の『日本の民具』等、角川書店の角川源義とのかかわりや、三一書房、雄山閣、ぎょうせい、第一法規、河出書房新社等々であろうか。

さらに、こうした書肆の中で特筆すべき書店に柏書房がある。昭和五〇年に宮本馨太郎編で『民具資料調査・整理の実務』を出版し、次いで昭和五四年に『図録 民具の基礎知識』を刊行した。両書はこの方面の実務者の手引きとなる基礎的知識を広く人々に浸透普及させ、結果的に民具研究者の層を厚くしたことは高く評価できよう。

(7) 学会誕生五〇周年を見据えて

以上のように「民具学」の航跡をたどると、「官」による文化財保護法やその改正、社会教育法や博物館法の制定などにより、わが国における民具(民俗資料・民俗文化財)の収集・保管事業は、大きな後楯を得て発展した側面があることをみのがすことはできない。

あわせて、昭和三七年度から三ヶ年継続の国庫補助事業として全国都道府県各三〇箇所ほどの全国民俗資料緊急調査を実施、昭和四〇年以降も継続したので、この方面の研究者層が厚くなったことや、同四〇年には文化財保護委員会が『民俗資料調査収集の手びき』なる小冊子を作成、発刊したことにより、調査内容がより同質化しつつ向上、充実した結果、こうした調査に参画した民具に心をよせる研究者が民具学会設立の母体となったことなどがその背景にあったことも、みのがせない。

また、昭和四〇年代以降、地方自治体をはじめとする地域博物館の建設ブームにあわせ、民俗部門も増え、この分野の担当職員が増強されたこともプラスの要因となった。さらに、地域博物館や歴史民俗資料館の学芸員や職員をはじめ、その場を拠点とする地域の研究者による緊急調査等の実施結果が報告書として刊行され、報告書が全国の自治体、図書館、大学や研究所、博物館等に配布されるなどしたため、その活用による結果、横の連携を生みだしたこともみのがせないところだ。

こうして民具学の航跡をたどると「官」による後楯が大きいことがわかるのだが、民具学は「民」の学問で、在野に発達して今日に至ったものだとする見方が強いのは、これまでの歴史の中で大学は学問の殿堂とされながらも、大学が拠点となり民俗学なり民具学が講座としてごく数えるほどしか存在しなかったり、博物館学講座や課程の位置づけが遅かったことが、上述したように「官」が育成したというイメージに結びつかなかったのであろう。

しかし、上述したような点に切り口をあわせてみると、「官」によって後押しされた側面も多かったことがわかる。

今後、民具学をさらに発展させるためには、さらなる民具研究者の層を厚くし、学会員の数を増加させつつ、質的向上に努め、その成果を、次の『民具辞（事）典』の刊行に反映させることであろう。

それは、新しい辞典が、学会の研究業績、成果、水準を示し、映す鏡でもあるためだ。

2　民具学の誕生とモース

(1) はじめに

これまで日本における民具学誕生の黎明期は坪井五郎をはじめ、早川孝太郎や澁澤敬三が生きた時代に求められてきた。(1)しかし、筆者はすくなくとも坪井正五郎らに学問的な影響を大きく与えたエドワード・シルヴェスター・モース（Edward Sylvester Morse）こそがその始祖にあたると考える。また、そこに学問研究としての原点をおくべきであると考える。以下、本稿によってその点を実証的に明らかにしたい。

なお、拙稿における日本民具学誕生の黎明期に関しては、江戸時代末期に「民具を見据えた三賢人」ともいえる菅江眞澄（宝暦四年・一七五四年～文政一二年・一八二九年）が著した『粉本稿』『凡国異器』『凡国奇器』『百臼之図』や大蔵永常（明和五年・一七六八年～万延元年・一八六〇年とされる）による『農具便利論』等、また鈴木牧之（明和七年・一七七〇年～天保一三年・一八四二年）による『北越雪譜』など、わが国の江戸期における物質文化（民具）的視点をもつ業績とを区別した点を明記しておく。

また筆者は、上述の三賢については、わが国における民具研究（日本民具学誕生）以前の、まだ草創期とはいえない時代の業績と位置づけ等、別稿にゆずることにした。[特]（八八頁参照）

日本とモースの直接のかかわりは一八七七年（明治一〇年）六月一七日にはじまる。

モースが「シティ・オブ・トウキョウ号」で横浜港に到着し、日本に上陸したのは六月一七日か一八日であった。霧の横浜港に到着したが夜半まで入港できなかったなどの理由で、両日にわたる記録が新聞などに残ったとされる。[2]

しかし、モース自身は自著『日本その日その日』（Japan Day by Day. 1917）の冒頭で六月一七日の夜遅く着いたと記している。（六七頁写真参照）

モースは六月一九日の午前中に横浜から東京へ向かうため汽車に乗った。[3]この時、たまたま山側の席に座った僥倖がのちの大森貝塚発見に結びついたのである。汽車が大森駅を出て、山側の切り通しにさしかかった際、そこに貝殻がたいせきし、露出しているのをみつけ、それが貝塚であることをすぐに見ぬいた。それは、モースがアメリカにいるときワイマンと貝塚を調査したことの経験をもっていたためであった。

モースはその後、東京大学の動物学の教授に迎えられ、江の島における臨海施設の設置やシャミセンガイ（貝）の採集をはじめとする動物採集、大森貝塚の発掘などをおこない、一八七七年一一月五日に一時帰米の途についた。

（2）モースが「民具学誕生」の黎明期に与えた影響

日本における新しい意味での民具に関する研究は明治一〇年代にめばえるが、その研究は人類学・民族学、あるいは〈土俗学〉の名のもとに産声をあげたのである。

このことは上述したように、それまでの民具に関する在来の興味や関心が絵画や絵巻（図）あるいは民具図示の記載にとどまり、分類・整理・考察の部分が欠落していたために、「民具誌」的な要素や素材提供的な意義や内容はあるものの、研究といえる段階に至っていない点が指摘されよう。

それは菅江眞澄らについても同じことがいえる。

民具の萌芽的研究ともいえるものの一つに一八八六年（明治一九年）二月に第一号を発刊した『人類学会報告』がある。坪井正五郎はその二号に「削り掛け考材料」を発表したのをはじめ、同五号に「アイヌの木具」を掲載している。さらに、のちの「民族学」においては「人形」「耳飾り分類」など一連の物質文化（民具）に関する調査結果や研究を発表している。(4)

坪井正五郎は一八六三年（文久三年）、東京の両国に生まれた。のちに静岡県に移ったとされるが、父は幕府の医者であった。一八七七年（明治一〇年）、この年はモースが来日した年であるが、東京大学予備門に入学した。

一八八一年（明治一四年）、同大学理科大学生物科に進み、一八八六年（明治一九年）同大学動

E・S・モース
（ピーボディー博物館）

物学科を卒業、人類学研究のため大学院に入った。一八八八年（明治二一年）東京大学理科大学の助手となる。(5)

坪井は在学中の一八八四年に、仲間たちと人類学会をおこし、上述したように一八八六年二月には『人類学会報告』を創刊するに至っている。

このように、坪井が若くして民具研究（物質文化研究）や考古学に興味をいだき、わが国における人類学・考古学の鼻祖となるにあたっては、一八七七年に来日したモースとのかかわりをぬきにしては考えられない。というよりも、モースが来日して、モースの影響をうけたことにより坪井の学問的な興味や関心が、この方面の研究に進ませることになったと考えられるためだ。

それは、モースが来日した年に坪井が東京大学の予備門に入学しており、一五歳になっていたので、この多感な思春期（青年期）にモースから受けた学問的・人間的な影響は特別なものであったと考えられるからである。また、モース自身も個性的で魅力的な人物であり、自分をとりまく多くの人々に影響を与えるだけの人格者であったことは、彼の残した日記や著作（書）からも充分にうかがえるところである。

一八七七年六月二六日の夕刻、モースは東大の講堂で講演をおこなっている。磯野直秀《なおひで》によると、この講演は外山正一（東大文学部教授）から頼まれたものであるという。

内容は博物学一般といったものらしい。やがてモースに師事する岩川友太郎の回顧にある講演もこれをさすと思われる――〈予備門の前進開成学校より大学に移らんとするに臨み、何を専攻しやうかと苦心最中、先生が大学に来られて動物に関する一場の演説を行《や》られた。其の時に一同は先生の能弁と黒板画の巧者とに驚き、且《か》つ予は先生の話された一節『動物の模倣性』てふ事《（ママ）》に深く興味を感じ、是《ここ》に於《おい》てただちに動物学を専攻しやうと決心した次第である〉――。岩川は一八七七年六月の段階では予備門、その九月に理学部に進んだ人なので、モースの講演を聞いて進路を定めたのなら、七月から八月の夏休み以前のはずだからである(6)と磯野直秀が述べているように、当時、モースの講演が予備門の学生達に与えた影響は大であったことがうかがわれる。

坪井はモースの内弟子とはいえないまでも、モースの内弟子ともいえる岩川友太郎をはじめ、松浦佐用彦、佐々木忠治郎、飯島魁《いさお》らのように直接の指導を受けなかったにしろ、間接的には岩川と同じように講演会などをとおして、色濃く影響をうけたとみられる。また、その後、東京大学に入学してからも動物学専攻の学生としてモースの影響を受けたことは明らかである。

そのことは、『人類学会報告』の第一号中に「本会略史」として、坪井自身が記している記事によっても明らかである。

すなわち、明治一五年一一月「同月十八日、私ト共ニ生物学会へ傍聴ニ出テ、モールス君の石器ノ話ヲ聞キシ中大ニ感ズル所ガ有テ広ク人ニ告ゲ多ク物ヲ比ベナケレバ時代ヤ人種ヲ考ヘルコトハ出来ヌト心付キ始テ私ニ古物発見ノ事ヲ語リ又モールス君ニモ告ゲマシタ」とみえることや、明治一六年四月二五日発行の『東洋学芸雑誌』(8)のなかで、福家梅太郎と坪井が合述している「土器塚考」において「旧大学教授モールス氏及ビ理学士佐々木多忠二郎氏ニ鑑定ヲ乞ヒシニ大森ノ介墟ヨリ出ツルモノト同種ナル由ヲ云ハレタリ」とあるように、モースに土器の鑑定依頼をおこなっていることなどからもそれをうかがうことができる。

『人類学会報告』第１号

また、一九〇四年（明治三七年）になって、坪井正五郎が東京人類学会の設立二〇年記念演説をおこなっているが、坪井はその講演のなかで「間接の恩人」としてモースのことにふれ、

発起人中に於いては福家氏（梅太郎）が斯道の先輩で有ります。福家氏は何処《どこ》から遺跡調査の知識を得たと云ふと、それは河野邦之助と云ふ人からで、此人はモールス氏に就て話を聞いたのであります。学会発起人者は誰れも親しくモールス氏に学んだのでは有りません

が、斯《か》く系統を調べて見ると慥《たしか》に同氏の賜を間接に受けて居るので有ります。（中略）明治十五年十一月の事でしたが、東京大学の一室に於て催された生物学会で、其頃再び漫遊に来られたモールス氏の演説が有ると云ふので、福家氏と私と連れ立って傍聴に行きました[9]

ということからも、両者のかかわりを知ることができるのである。

しかし、佐原　真《まこと》が指摘するように、他方において、「一八九三年（明治二六年）、帝国大学理学部に人類学講座が開設され、坪井正五郎教授がそれを担当する。坪井は、モースの学問を間接的に受け継ぎながら、それをこばむそぶりをみせ、モースの考古学と自分の学問は無縁である、とことあるごとに述べていた[10]」ことも事実である。

佐原　真（東海荘にて）

たとえば、前掲の演説の続きにおいても、

尚ほモールス氏に付いてモウ一言云ふべき事があります。それは明治十一年十月から十一月に掛け浅草井生村《いぶむら》楼開会江木学校講談会に於て四回続きで人猿同視論を通俗に説かれた事であります。人類の研究に対しても進化論を応用すべきものであるとの事は此講談に由って多くの人に知られたので有ります。此《かく》の如くモールス氏は種々の点に於いて人類研究上の智識を我邦人中に広く伝播されましたが、人類学其もの、唱道若しくは紹介と云ふ事は更に致されませんでした。モールス氏は人類学研究の下拵《したごしらえ》へ、或は人類学上の片寄った問題の研究と云ふ事は致されましたが、其上に位し其全般を繋《つな》ぎ合はせる所の人類学に付いては何事をも云はれませんでした。我々はモールス氏の功を否認するものではありません。功の大なる事は十分に知って居りますが、我邦《わがくに》に於て人類学を興こしたのは同氏で有るとは云ひ兼ねます。同氏と我邦の人類学との間には直接の関係は有りません。モールス氏は我々に取（ママ）って間接の恩人で有ります。モールス氏は日本人類学に付いて間接の恩人であります。併《しか》し乍《なが》ら何故までも間接の恩人で有るとしか云へません。[11]

と強調している。

少々、引用文が長くなったが、要するに坪井正五郎としては、モースに進化思想などの間接的な影響は受けたが、自分たちがおこなっている学問〈人類学〉のオリジナリティは、自分たちのもので、モースによる輸入（学問）でないことを強調しているわけである。

しかしながら、坪井がモースの影響を直接うけていることは事実であり、その影響をうけている点や学問的にその内容が投影されている内訳、また坪井がモースから進化思想の影響をうけ、その結果が坪井の人生（足跡）のなかにどう位置づけられているかを、つぎに、日本民具学の誕生という視点から見ることにしたい。

坪井正五郎の数ある業績の中で、人類学・考古学に直接的に結びつかず、関係のないものの一つに『工商技藝　看板考』[12]がある。この著作は、一八八七年（明治二〇年）に哲学書院から刊行されたもので、当時、著者の坪井は二四歳か二五歳であった。まだ若い頃の著書だが、後述する点が注目される。

坪井はその緒言において、「余が此書を著す主意は是等の看板を網羅するに非ず工商技藝の看板に深意妙味の有る事と進化変遷有る旨を聊《いささ》か世人に示すに在り[13]」と明記している点が注視されよう。（傍点は引用者による。）

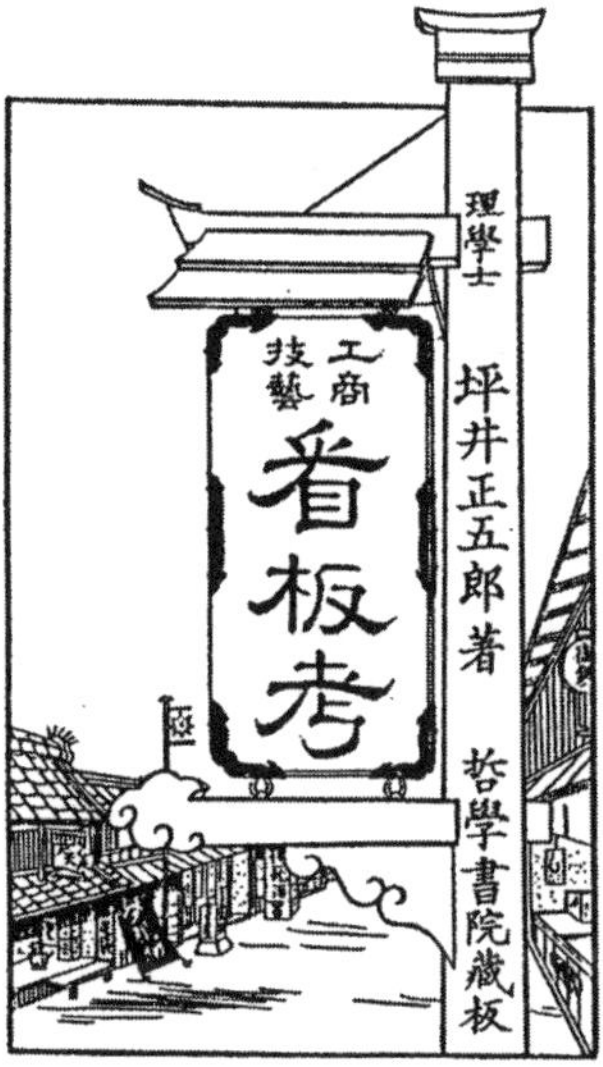

坪井正五郎著『工商技藝　看板考』（1887年〈明治20年〉刊）

すなわち、ここで問題になる点は二つあげられる。その第一点は、坪井がモースの進化論に関する講演などを聞いて、進化変遷にかかわる一事例として「看板」をとりあげたこと。そして第二点は、一二七種の看板を大きく二一種に類別（分類）している点である。

第一点についてさらに述べれば、さきに掲げたごとく、一八八二年（明治一五年）一一月一八日に、坪井はモースの講演を聴いており、そのとき彼は二〇歳であった。

モースがのちの一九一七年（大正六年）に『日本その日その日』をボストンで刊行した中に、日本の看板についての記載がいくつかあるが、モースがその中で、「日曜日に私は、写生帳をかかえて街に出た。さまざまな種類の看板をスケッチするのが目的だった」[14]と記しており、その（日曜日）は、磯野直秀によれば一八七七年（明治一〇年）九月三〇日のことと思われ、場所は東京とされている。[15]

そのモースによる看板のスケッチの中に「麻苧店看板」があり、喜多川守貞の著した『守貞謾稿』（巻之五・生業）中に「三都トモ用ㇾ之、麻苧製也」とみえることから、筆者も東京でのスケッチにまちがいないとみる。[16]

すなわち、来日して三ヵ月もしないモースは、いちはやく日本の看板の種類・形態・材質等の多いことに興味をおぼえ、それを調べはじめている。

ところで、坪井正五郎が二〇歳のときにモースの話を聴き、五年後の二五歳になったときに、彼の数多い著作の中でも異質ともいえる『看板考』が出版されたということは、たんなる偶然の結果ということではすまされまい。

『日本考古学選集』[17]の「収録文献解説」によれば、

彼が専門の学問に精進していた反面、いかに多彩な趣味的な余技をもっているかを知るであろう。また彼がその若さに似ず、いかに軽妙洒脱な筆致で文章をしたためているかを知るであろう。いかにも彼の余裕さを示すものである。また幼いときから江戸時代庶民に愛好されていた文学書を読み、深い文学的素養のあったことをも語るであろう。

と述べられているが、さきに述べたように〈緒言〉の書きかたからして、彼が余技の範囲で『看板考』をまとめたとは、とても考えられない。

というのは、来日してまもないモースが、わが国の看板に興味・関心をもったことと、坪井が看板に興味をいだいたこととは無関係ではなく、両者のあいだには、脈絡があるとみられるのである。そして、その一糸の脈絡を実証するのが『看板考』の〈緒言〉なのである。

さらに積極的な見方や考え方をするのであれば、モースは講演会などのおりに、自分の最近における興味のもてる問題（話題）として〈看板〉のスケッチに出かけたり、その特色を客観的にみた話などをしたのかもしれない。いずれにしろ、このような想像はぬきにしても、さきの〈緒言〉から、モースは坪井に物質文化研究（民具研究）のための示唆（あるいは暗示かもしれない）を与えている意味から、モースは、わが国における民具研究の創始者または始祖としての役割を果したといえるのである。そのことは〈緒言〉において坪井が「進化変遷」という考えを述べているので、モースがわが国でくり返し説いた進化論（思想）の影響をうけていたことがわかるし、その結果とみてよかろう。

つぎに第二点は、『看板考』において、百数十種（一二七種）の看板を類別（分類）している点である。坪井は、前掲の「耳飾り」に関する研究においても分類をおこなっており、これらの物質文化（民具）に関する〈分類〉は、わが国における、この種の研究の草分けとして注視されるし、評価されてよい。とはいえ、わが国の学問全般からみれば、明治初期以降、外国（特に欧米諸国）からもちこまれた自然科学分野における各研究の分類方法からすれば、たち遅れもはなはだしいものがあることはみのがせない。

だが上述した背景には一八七九年（明治一二年）に、モースによって刊行された『大森貝塚』の調査・研究の影響がおおいにあったのではないかと思われる。

モースによる『大森貝塚』（Shell Mounds of Omori. 1879）には、土器・装身具・土版・角器・骨器・石器・動物遺体などの分類による記載がなされているほか、「大昔および原生の大森軟体動物相の比較」という「比較」までなされた内容となっているのである(18)。

もとより、モースが来日する以前においては、庶民の暮らしにかかわる日用の雑器や、その他の生活用品が研究の対象になるとは考えられなかった。『古今要覧稿』（原書房・朝倉治彦校訂）なども図が多く、貴重な資（史）料ではあるが、完成をみないで他界した著者の屋代弘賢も研究とまでは考えていなかったにちがいない。

また、それまでは、わずかに世伝品（貴族や寺社、あるいは地方の旧家などに代々伝えられている調度品や家具器物など）が日常の什器とは違って、美術的な価値（骨董的な価値や希少価値、経済的な価値などを含めて）によって注目されてきたにすぎなかった。

それが大森貝塚発見以来、土器片・骨器・角器・石器など、あらゆる遺物に学問(術)的な価値が与えられたこと、また、同じように、日常の生活用具などが学問の対象になることなどを啓蒙され、分類や比較をとおしてこの方面の興味や関心が高まってきた時期にあてはまるからである。

こうしたことはモースがおこなった講演会にあわせて、モースをとりまく人々のあいだに広まっていった思想的な影響であり、学問的な態度が誕生するきざしであったといえる。

わが国における人文科学の発達中、すくなくとも、資料（史料）の分類・整理などに関する研究上の作法は、自然科学から学びとることが多かった過去があるうちでも、民具研究に関する〈分類〉草分けの一人として坪井正五郎を位置づけることができるとともに、坪井の分類に関する方法は、考古学から学んだものだと思われる。そして、この第二点においても、坪井に示唆を与えたのがモースであったことは十分に考えられることであり、この点においても、モースは日本民具研究に大きな影響を与えていることがわかる。

このことはモースが自然科学者（動物学者）であるとともに、著作の『日本その日その日』の内容からもわかるように、幅の広い人文科学的ともいえる学問的な興味や関心を持っていた結果であるともいえる。

岩井宏實が「民具研究の草創(19)」において、坪井正五郎に注目したのは、のちに「坪井自身、民具の収集に積極的にのりだし、今日の東京大学理学部人類学教室の民具コレクションの基礎をつくった」ことにあわせて、岩井宏實自身も大阪市立博物館の主任学芸員時代に「看板」にかかわる企画（特別）展示をおこなったことがあり、その際に坪井が著した『看板考』を手にしたときの影響が色濃く残ったものであると筆者はみるのである。その結果、岩井は坪井正五郎をまず民具研究の始祖とみたのであろう。

（3）日本民具の収集とモース

モースは三回にわたって来日している。第一回目の来日は上述した通り、一八七七年（明治一〇年）六月一七日からで、同年の十一月五日に帰国している。モース自身はシャミセン貝の収集が主な目的であったが、東京大学の教授に迎えられ、江の島での水産生物の採集や臨海施設の建設、大森貝塚の発掘などをおこなった年である。

第二回目の来日は一八七八年（明治一一年）四月二三日から翌年一八七九年九月はじめまでであった。第一回目の帰国の目的は、東京大学の教授に就任したのにともない、アメリカに残してきた家族を日本につれてくることであった。そして、妻子を同伴し、再度日本の土をふんだのであった。二回目の来日に際しては、ひきつづき東京大学の教授をつづけ、北海道や九州に旅行をしたほか、日本陶磁器の収集を積極的におこなった。

一八七九年九月、モースはセイラムにもどり、翌年一八八〇年の夏、若い時代に学芸員をしていたピーボディー科学アカデミー博物館の館長に就任した。

第三回目は一八八二年（明治一五年）の五月一六日にサンフランシスコを出航し、六月四日に

モースが収集した泥のついた下駄（ピーボディー博物館）

来日した。三回目の訪日は、就任した博物館の館長として、同館のための資料を収集することが主な目的であった。その結果、およそ六五〇点にのぼる民具等を収集し、一八八三年二月一四日、横浜を発ち帰国の途についた。

この三回にわたる訪日に際して、それぞれ各地でおこなった民具調査・収集に関してはモースの自著『日本その日その日』他にゆずるが、

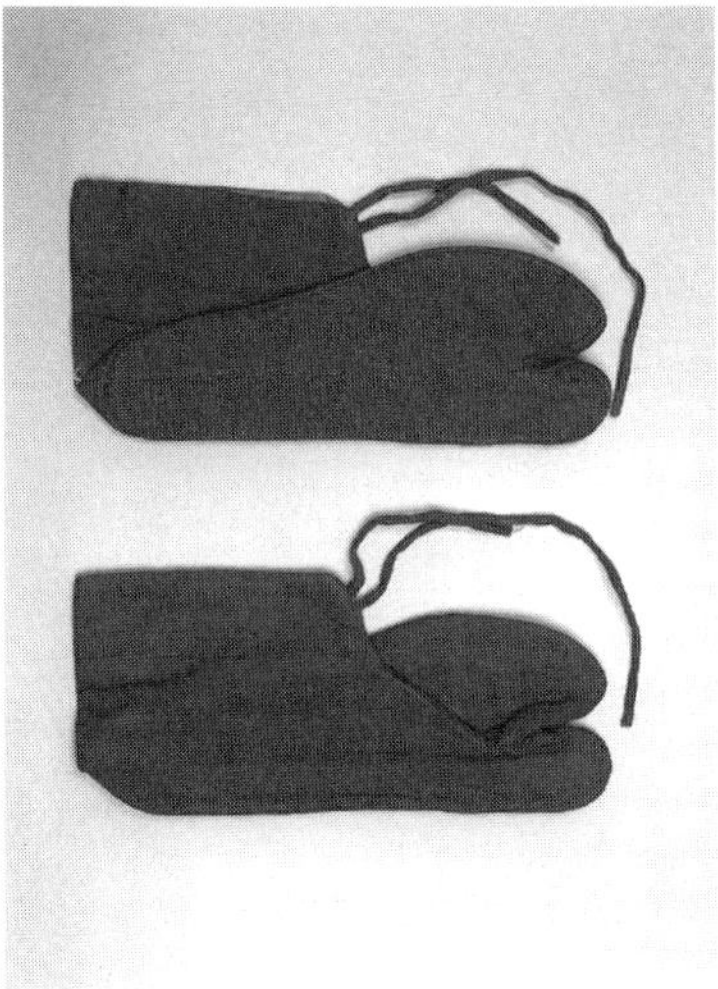

足袋（ピーボディー博物館）

この三回の訪日中に日本国内各地に調査・収集旅行を四回おこなっているので、その足跡を記載しておきたい。

第一回目の旅は一八七七年六月二九日に東京大学のマレー博士の招待による日光への旅である。旅先でのことは『日本その日その日』に詳しいので省略する。

第二回目の旅は一八七八年七月一三日に東京大学の矢田部教授との北海道への旅である。往路は横浜から函館まで蒸気船に乗り、小樽・札幌をまわり、帰路は東北地方を太平洋側の各県にそって東京まで帰っている。

第三回目の旅は一八七九年五月九日に出発した瀬戸内海と九州への旅である。往路は横浜から蒸気船で神戸・下関を経由して長崎へ。さらに鹿児島まで足をのばしている。

第四回目の旅は一八八二年六月五日にw・s・ビゲロウ、E・フェノロサとの京都、瀬戸内海の旅で、広島・岩国まで足をのばし、帰路は神戸より東京まで蒸気船に乗っている。

以上の四回の旅のうち、モースは本州の日本海沿岸地方の内陸にかけての旅と、四国の陸路による旅はおこなっていない[20]。

(4) まとめ

上述したようにモースは日本各地で民具の収集をおこなった。また陶磁器関係の収集に関しては蜷川《にながわ》式胤《のりたね》に負うところが大きい[21]。

モースは明治一〇年以降一五年にかけて、動物学者としてだけではなく、民族学者（考古学者を含めた）として、あるいは進化思想論者としてなど、多くの日本人に影響をあたえた。

本稿ではモースが日本民具学誕生の黎明期に民具に興味や関心を持つ人々に与えた影響が大きかったことを述べた。モースが収集した個々の民具資料については紙幅の関係でふれないが、モースは自分自身で民具を収集し、分類・整理・保管し、さらに展示している点が注目される。またあわせて民具に関する調査・研究の基礎となる詳細なデータを残していることは高く評価されてよい。

このことは、今日でいう博物館学の基礎を築きあげているとみることができる。

以上、「民具学の誕生とモース」にかかわる主題内容の新しい視点は、これまで先学が記載してきた「民具研究の歩み」に関して、坪井正五郎や早川孝太郎にはじまるのに対して、筆者は、それ以前に、坪井正五郎が若い時代に大きな影響をうけたエドーワード・シルヴェスター・モースがいることを明記し、モースをもって、わが国における「民具学の始祖」とする点にある。

筆者は三回にわたり、モースの収集した民具コレクションが保管・展示されているセイラム・ピーボディー博物館を歴訪した。この博物館はかつてモースが博物館長を務めていたところである。収蔵民具の調査・研究に関しては別稿にゆずるが、その研究成果を巻末に掲げる。

田辺　悟　「ピーボディー博物館の日本民具」『民具研究』四二号　日本民具学会　一九八二年

同　「看板の世界・その歴史と民俗的側面」『幕末・明治のKANBAN展・モース・コレクション』小学館　一九八四年

同　「モース研究の民具学的視点」『日本民具学会大会・大宮市民会館・レジメ』11回　日本民具学会　一九八六年

同　「釣鉤の地域差研究―民具研究の一方法として―・モース・コレクションを例に」『海と民具』日本民具学会編　雄山閣出版　一九八七年

同　「モースの日本民具コレクションの意義」『共同研究　モースと日本』守屋　毅編　小学館　一九八八年

同　「モース研究の民具学的視点」『共同研究　モースと日本』守屋　毅編　小学館　一九八八年

小西四郎・田辺　悟　「モース・コレクション日本民具編」『モースの見た日本』共編　小学館　一九八八年

注

（1）岩井宏實　「民具研究の軌跡と将来」『国立歴史民俗博物館研究報告』第三集　一二一四頁　国立歴史民俗博物館　一九八四年

木下忠「民具研究の歴史」『民具研究ハンドブック』六〜七頁　雄山閣出版　一九八五年
宮本馨太郎「民具研究の歩み」『民具入門』（考古民俗叢書）一九七〜二一〇頁　慶友社　一九六九年
（2）磯野直秀「日本におけるモースの足跡」『共同研究　モースと日本』三五〜三六頁　小学館　一九八八年
（3）磯野　前掲書　三六頁
（4）田辺　悟「モース研究の民具学的視点」『共同研究　モースと日本』三一九〜三三〇頁　小学館　一九八八年
（5）平凡社編『世界考古学辞典』上巻　七二〇頁　平凡社　一九七九年
（6）磯野　前掲書　三八頁
（7）田辺　前掲書　三三二頁
（8）福家梅太郎・坪井正五郎合述『東洋学芸雑誌』第一巻一九号
（9）坪井正五郎「東京人類学会報二十年記念講演」『東京人類学雑誌』第二〇巻　第二三三号　七〜八頁　東京人類学会　一九〇四年
（10）近藤義郎・佐原真編訳『大森貝塚』（解説参照）二一一〜二一二頁　岩波書店　一九八三年
（11）坪井　前掲論文
（12）坪井正五郎『工商技藝　看板考』三〇頁　哲学書院　一八八七年

(13) 同前（傍点筆者）
(14) モース『日本その日その日』二巻　四一頁　一九一七年
(15) モース『日本その日その日』原本一巻　三二一〜三二六頁　一九一七年
田辺　悟「幕末・明治のＫＡＮＢＡＮ展」（カタログ）一八頁　小学館　一九八四年
(16) 朝倉治彦・柏村修一校訂編集　喜多川守貞『守貞謾稿』東京堂出版　一九九二年
(17) 坪井正五郎『坪井正五郎集』下巻所収　築地書館　一九七二年
(18) 近藤・佐原　前掲書
(19) 岩井　前掲論文
(20) 小西四郎・田辺悟共編「モース・コレクション日本民具編」『モースの見た日本』二〇七頁　小学館　一九八八年
(21) 蜷川親正《ちかまさ》「モースの陶器収集と蜷川式胤」『共同研究　モースと日本』三八一〜四一六頁　小学館　一九八八年
(特) 田辺　悟「残存民具と残滓民具の迫間―幕末に民具を見据えた三賢―」『技と形と心の伝承文化』慶友社　二〇〇二年
内田武志・宮本常一編　菅江眞澄『百臼之図』他『菅江眞澄全集』第九巻　未来社　一九七三年
岡田竹松校訂　鈴木牧之編『北越雪譜』（岩波文庫）岩波書店　一九三六年

参考・引用文献

石川欣一訳『日本その日その日』全三巻　東洋文庫　平凡社　一九七〇年
加藤晃規他共訳『日本のすまい・内と外』鹿島出版会　一九七九年
蜷川親正訳『エドワード・S・モース』全二巻　中央公論美術出版　一九八〇年
近藤義郎・佐原真訳『大森貝塚』（岩波文庫）岩波書店　一九八三年
磯野直秀『モースその日その日』有隣堂　一九八七年

謝辞　本稿の執筆にあたっては、セイラム・ピーボディー博物館の館長ピーター・フェチコ氏ならびに民族学部のジョン・セイヤー、桂子・セイヤー夫妻、エレン・ブコフ女史の助力を得た。謝意を表するしだいである。

ピーター・フェチコ館長夫妻（左右）
ジョン・セイヤー氏（左中）と筆者

3　モース研究の民具学的視点

モースの日本民具コレクションにかかわる今日的な意義については、本書（七四頁以下）で述べるとおり、そのコレクションの意義は学術上、貴重な価値をもっているということにつきる。

本稿は、わが国における民具研究という土俵のなかにおいて、モースが与えた影響や彼の果した直接・間接の役割、位置づけを明らかにし、評価を試みるものである。

それは、これまでわが国における民具研究の軌跡をたどるなかで、モースの日本民具コレクションは注目され、その重要かつ必要な学術資料としての位置づけはされてきながらも、モース自身が、わが国の研究者を育成し、果たしてきた業績や、与えてきた影響などについては十分に、しかも正統的に受け継がれていない点があるといわざるをえないからである。

本来、〈日本における民具研究の育ての親モース〉としての存在であり、創始者でありながら、今日まで彼に関する研究が組織的、系統的に行われてこなかった結果から、その評価が正当になされていなかったことを反省せざるをえない。

したがって、本稿は今回、モースに関心をよせる各方面の研究者が組織的に資料を収集し、討論をかさねてきた共同研究の結果を活用して、前述の点を明らかにしようとするものである。

（1）モースと日本民具の収集

まず、モースが〈モノ〉を収集したころの時代（明治一〇年代）の歴史的、社会的背景を、〈モノ〉を中心にすえて見ること、モースが民具コレクションを行った、内容そのものについて見ることにしたい。

一八六八年（明治元年）三月の神祇官の再興および、太政官布告による神仏判然令により、それまでの神仏混淆《こんこう》から、神仏分離や、神社における仏堂・仏像・仏具などの破壊、除去が各地で行われはじめた。

また、このような動きに対して、廃仏反対の民衆の動きや、信教の自由を主張する動きも高まったのである。

この、〈廃仏毀釈《はいぶつきしゃく》〉の名で呼ばれる明治初年に行われた、政府の神道国教化ともいえる政策の流れにのって行われた神道と仏教との分離政策により、当時は、仏教の抑圧、排斥から破壊運動にまで発展した。

このように、〈神仏分離〉が行われるなかで、仏像を神体とすることがやめられたり、社前の仏像・仏具の取り除きにより、廃寺・合寺が全国的に行われ、廃仏毀釈のあおりを受けてこの時代には、必要ならば、仏像や仏具などはいくらでも入手できたし、値段もあってないも同然であった。

それゆえ、本来ならば信仰とのかかわりで入手できにくい仏像をはじめ、信仰に関係のある〈モノ〉などを入手することが簡単に行えたことを指摘できる。

また、こうした歴史的、社会的な状況下にあって、〈物価が安かった〉こと、そのなかでもとくに職人の賃金が安かったため、モースが日本民具を収集するにあたっては、収集しやすい社会的、経済的な背景があったことも指摘できよう。

モース自身も、「いろいろな仕事の労銀が、実に安い。懐中時計修繕人が、私のためにある仕事をしてくれた。彼が五十セントを請求したとしても、私は何等抗議することなく払ったであろうが、而《しか》も彼は只の六セントを要求した丈《だけ》であった。また私の検微鏡（顕微鏡）用切断器の捻子《ねじ》が一つ曲ったのを、真直にするのには、二セントかかった丈である」[1]というような記載をあちらこちらでしている。

それにあわせて、モースが一八七七年（明治一〇年）七月一二日、東京大学の動物学・生理学教師として契約した月俸は三五〇円であったということからも、当時としては特別に優遇されていた高額所得者ということがいえるわけで、当時、わが国における日用雑貨をはじめとする〈モノ〉（民具）を収集するために、〈モノ〉を買いあさったとしても、モース自身、たいした経済的負担ではなかったとみることができる。しかも宿舎は無償で貸与されていた[2]。

たとえば、同じ明治一〇年、太政官達《たっし》をもって海軍省が技術官等級を定めているが[3]、最高の

（技監）で月俸二〇〇円、一等師で月俸六〇円、一等工長月俸三〇円、五等工長で月棒一二円となっている。

このように海軍省の役付きの技術官であっても、月俸が一二円ほどであることからしても、一般の職人の所得がいかに低かったかを知ることができる。

このことは、明治一三年一月末日における「雇員以下の現員及給与額」という横須賀海軍工廠の資料[4]によってもわかる。

すなわち、その資料によれば、月給雇一五人で、月給の最高額は三〇円、最低月給は四円となっており、以下は日給雇で、最高給五〇銭、最低の日雇職工は日給六銭となっている。日給六銭の日雇職工は、たとえ一ヵ月間、休みなく働いたとしても、月額にして、一円八〇銭の所得しか得られないということになる。

このような事例から、当時、わが国における庶民の暮らしをささえた所得額と、モースの月俸との大きな違いを知ることができるとともに、庶民の暮らしとの格差がうかがわれる。

そして、この事実は、モースがわが国において、いかに経済的にゆったりと、ゆとりをもって暮らすことができたかを裏付けるとともに、〈モノ〉（民具）を収集（購入などによって入手）する場合、いかに入手しやすかったかを知ることができるのである。

しかも、以上のような歴史的、社会的な当時の状況に合わせ、モースは日本人を理解し、思いやりをもつとともに、日本人が用いている〈モノ〉に対しても愛着をもっていたことのせいか

〈モノ〉をもらう、〈もらい上手〉であったことがうかがわれる。

たとえば、「モースが明治十五年再度来朝した時、石川千代松が彼の官舎へ遊びに行った。彼は〈これから大隈（重信）さんの所へ陶器を見せて貰いに行くが、一緒に行って通訳をしてくれないか〉と言ったので同行した。大隈は唐津焼その他立派な陶器を沢山見せていろいろ説明したが、モースが非常な関心を示したので、〈あなたがそれほど言われるなら、この陶器を全部あげよう〉と言って、全部を車に乗せてモースの家に運ばせた。大隈は後日、〈あの陶器は私が大事にしていたもので、手放したくなかったのだが、話をしているうちに、あの人にあげなくてはならぬような気持ちになってしまったのだ〉と石川に語った(5)」というようなことからもわかる。

それは、モースの〈モノ〉に対する執着心が強いこと、〈モノ〉を収集することに関する情熱（熱意）のあらわれであったとみることができよう。

モースの日本民具の収集に関しては、以上のような当時の歴史的、社会的状況下にあって、前述してきたような時代背景を下敷きとしての民具収集であるとともに、モースがコレクターとしてすぐれたパーソナリティーや資質をもっていたことが不可分に結びつき、結果的に、すばらしい大コレクションとなっていったものであるとみることができる。

つぎに、モースが収集した日本民具の内容について述べたい。

これまでに、国立民族学博物館において、宇野文男らが中心になって、モース・コレクションのカード整理をおこなってきたが、その数は一万三六六七点におよんでいる。最終的には一万四

モース在日中の日記（カード）・ピーボディー博物館（ライブラリー）所蔵

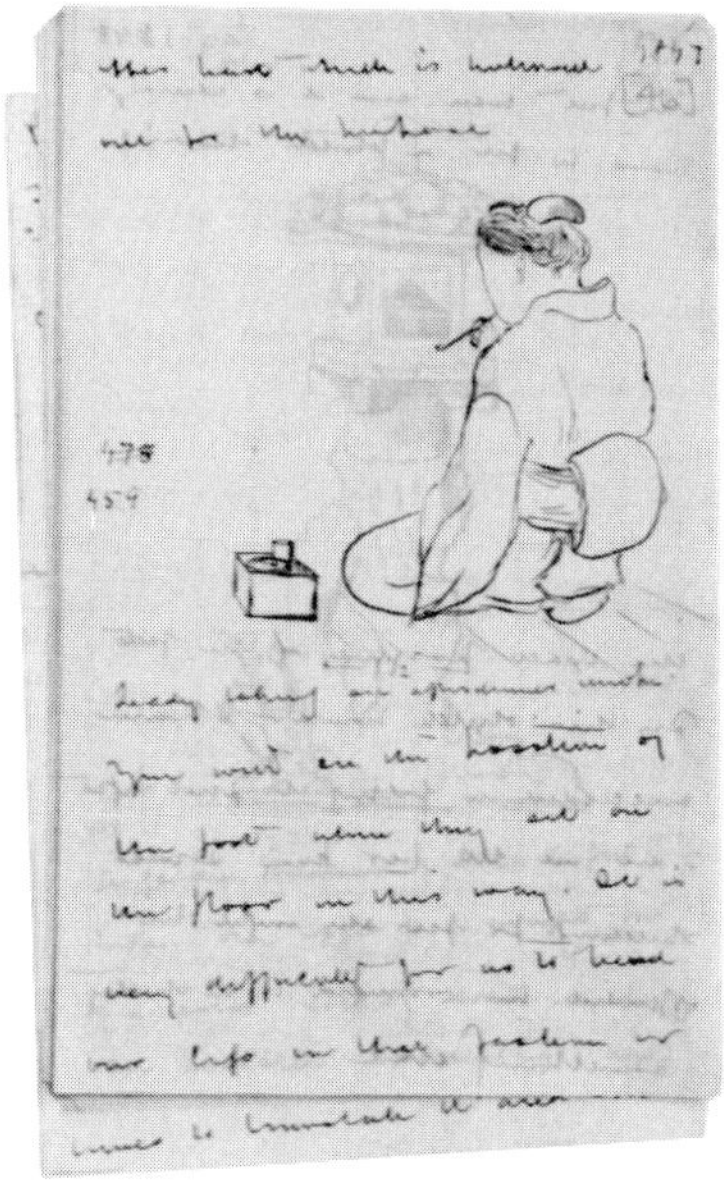

モース自筆の日記（右に同じ）

〇〇〇点ほどの資料カードが分類されるであろうこのコレクションの内容は、モースが『日本その日その日』に著した内容と同じく、多岐にわたっている。

これらのコレクションに関する詳細かつ正確なデータは、近い将来、明らかにされるであろう。楽しみにしているのは、研究者だけではないはずだ。

したがって、本稿ではコレクションの内容といっても、数のうえでの分類的なものや数量的なものではなく、その内容の民具学的な点についてのみふれておきたい。

モース自身、『日本その日その日』の〈緒言〉(6)において、ビゲローからの手紙をうけて、「日記帳三千五百頁を占める材料」をどう整理して出版しようかと考えたときのことをつぎのように記している。

「最初私は備忘録を、私が一八八一年から翌年にかかる冬、ボストンのローウェル・インスティテュートでなした〈日本に関する十二講〉の表題によって分類することに腹をきめた[7]」として、「(1)国土、国民、言語。(2)国民性。(3)家庭、食物、化粧。(4)家庭及びその周囲。(5)子供、玩具、遊戯。(6)寺院、劇場、音楽。(7)都会生活と保健事項。(8)田舎の生活と自然の景色。(9)教育と学生。(10)産業的職業。(11)陶器及び絵画芸術。(12)古物。」の項目をかかげている。

しかし、「かかる主題のあるものは、すでに他の人々の手で、専門的論文の性質を持つ程度に豊富な挿絵によって取扱われている。それに、私の資料をローウェル・インスティテュートの講義の順に分類することは大変な大仕事で、おまけに多くの新しい副表題を必要とする。やむを得ず、私は旅行の覚え書きを一篇の継続的記録として発表することにした」と述べている。

すなわち、モースが最初に意図した本の内容は、前掲の一二項目にわたるもので、この内容は彼の興味、関心が端的に集約、表現されているとみてよいであろう。

そして、このような内容を軸として明治一〇年代の日本を記載することにより、ビゲローが、「君と僕とが四十年前親しく知っていた日本の有機体は、消滅しつつあるタイプで、その多くは既に完全に地球から姿を消し、そして我々の年齢の人間こそは、文字通り、かかる有機体の生存を目撃した最後の人であることを、忘れないで呉れ。この後十年間に我々がかつて知った日本人はみんなベレムナイツ〈今は化石としてのみ残っている頭足類の一種〉のように、いなくなって了《しま》うぞ[8]」という手紙をさしだしてきたことに対して、その期待にこたえようとしたのであろう。ビゲローの手紙のなかに記されている〈日本の有機体〉という表現は、ダーウィンの進化論を支持してきたモースの心を大きくとらえ、自分が記録にのこさなければ、明治一〇年代の日本は永久に忘れ去られてしまうだろうという強い使命感さえもいだいたのではなかろうか。

そして、もっとも注目される点は、モースが、一二項目の記載をすることを決意するなかで〈このままでは永久に忘れられてしまうであろう古い日本の人々の暮らしや文化〉を活字としてのこすとともに、日本人の生活や文化の証しともいえる民具を保存することにより、明治一〇年代の日本人の庶民生活とその物質文化（民具）を化石化して保管（保存）し、後世に伝えようと考えたのであろう。

すなわち、モースが行った日本民具の収集は、当時、そのままでは永久に喪失してしまうであろう日本人の庶民の生活や文化をタイムカプセルのなかに詰めこむ仕事であったということができよう。モースはその仕事を、使命（ミッション）のように思っていたにちがいない。

収集した民具の内容が多岐にわたること、『日本その日その日』の記載内容が百般にわたっていることなど、いずれも上述の点を焦慮しての努力の結果であったとみることができるのではないだろうか。

以上のように、モースの日本民具収集に関する内容は、記載された文献（履歴的な性格と資料としての裏付けの意味をもつ）と収集された資料としての〈モノ〉とが一体になっているところに民具学の研究対象となりうる学術的価値が高いといえるわけである。

（2）具体的な事例として

澁澤敬三は『明治前日本漁業技術史』(9)の巻頭に、セイラム・ピーボディー博物館所蔵〈モース・コレクション〉中の〈釣鉤《つりばり》〉などの写真をかかげ、「モールス博士の日本に於ける蒐集品《しゅうしゅう》を悉《ことごと》く展観して居るが、その中に当時の釣鉤を地方毎《ごと》に集めた扁額《へんがく》がある。現時の我国ではもはや到底手に入らぬものでありこの標本を精細に研究して見度《みた》いものであることを附記しておく(10)」と特筆している。

このことは〈釣鉤〉にかぎったことではなく、収集し保管されている日本民具全般についていえることであるが、ここでは澁澤が注視した卑近な事例として、〈釣鉤〉についてのみ、具体的に述べたい。

わが国の漁撈用具やその技術伝承に関する研究の成果のうち、〈釣鉤〉について見ると、〈釣鉤に地域差〉があることは、すでに『河羨録《かせんろく》』(11)においても指摘されているが、本邦全般を俯瞰《ふかん》して〈釣鉤の型〉に三つの地域差があることを指摘したのは中村利吉であった。中村は水産伝習所の教師で『日本水産捕採誌』(12)の編纂員でもあった。

中村は、明治一五年に刊行された「水産会報」に、全国の釣鉤一五〇〇種を収集通覧した結

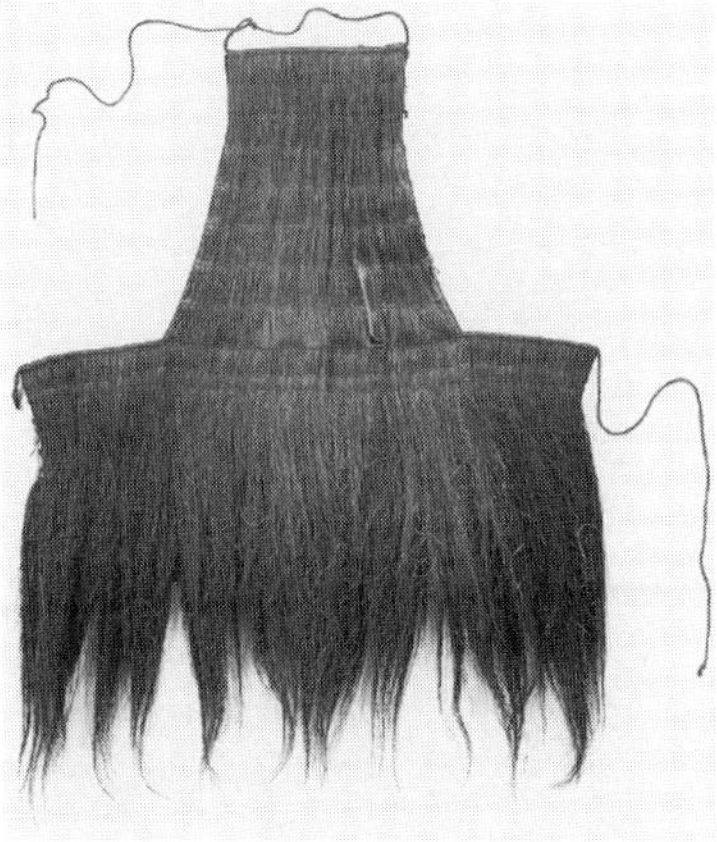

棕櫚で編んだの漁民の「みの」

（モース・コレクション）

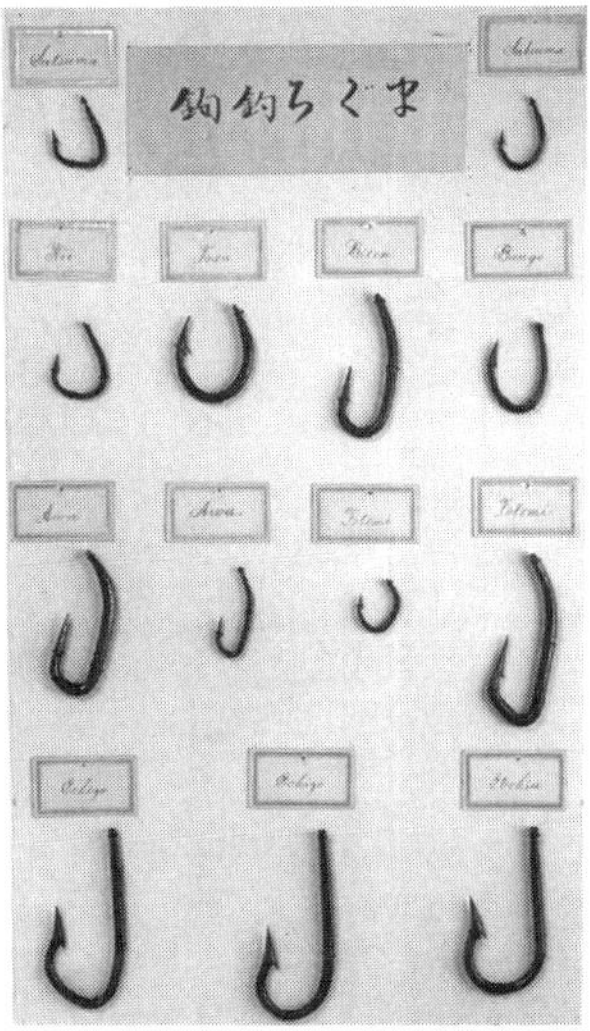

まぐろの釣鉤

（モース・コレクション）

果、わが国には釣鉤の型に三つの地域差があると結論づけた。

その三つの型とは、東北型と呼ばれる軸直型のもの、西南型と呼ばれる丸型のもの、そしてその両者の変形ともみられる中部型といわれる角型である。

彼は、『日本水産捕採誌』において、「鉤の形は、右に示す如く種々ありと雖《いえども》今之を全国に就て見る時は大抵三種の原形に帰するが如し則ち角形、丸形、軸直の長形是《これ》なり其角形は紀伊国牟婁《むろ》郡以東の東海に行はれ丸形は紀伊より西南諸州及び日本海に臨める地方に於ては丹後辺より以西は悉《ことごと》く此の形のものを用ゐ若狭辺より以北の地方及び三陸両羽にては概ね軸直の直形を用ふ」(13)と記している。

わが国における〈釣鉤〉の製作は、明

治時代から、大正、昭和の初期にいたるまで、各地域において、それぞれ伝統的な手法によって行われており、その製作過程は今日においても資料化できるが、実物〈釣鉤そのもの〉が、その後の機械化された画一的な大量生産により、のこされていないという現状がある。

ひるがえって、中村が全国から〈釣鉤〉を収集した明治一五年前後の状況をみると、明治一〇年、東京の上野公園で第一回内国勧業博覧会が開催され、時流にかなって好評であったため明治一四年三月より同じく上野公園で第二回内国勧業博覧会が行われた。

この、博覧会開催中の明治一四年四月、農商務省が新設され、農務局内に水産課（明治一三年、内務省勧農局水産係が水産課に昇格していた）を移管することになった。

当時、博物館は農商務省の管轄下におかれたので、第一回博覧会に陳列された資料などは引きつがれ、明治一五年の三月、上野公園内に開館した博物館に収蔵されたであろうと思われるが、現在、これらの資料の所在は不明である。

また、明治一六年に第一回水産博覧会が上野で開催され、この博覧会にあわせて全国から収集されたであろう資料も、一部が伊勢市の徴古館（農業館）に保管されているほかはその後の足どりがつかめない。それゆえ、中村が収集した一五〇〇種におよぶ釣鉤のゆくえも追跡できない現状にある。

今日、わが国において、中村が結論づけた〈釣鉤〉についての三つの地域差の区分ということについて、それを追跡調査し、確認し、裏付けとなる資料（実物の釣鉤）にもとづいて実証しようとしても、全国各地の博物館、資料館で明治初期の伝統的（江戸時代末期からの継続としての地域的特色を示す）資料である釣鉤を収集し、保管している機関はないと思われる。それは個人的なコレクションとしても同じであり、また、澁澤が述べているとおり、今日、とうてい手にはいらない資料〈釣鉤〉なのである。

中村が釣鉤を収集した当時であれば、釣鉤はどこの漁家にもあったし、また漁業者自身が自製していたので、このような生業に関係ある道具について注目する人もごく一部分にかぎられていたし、収集の必要性も感じてはいなかった。

ところがそれからのち、わが国が新しい産業をおこし、生産構造が変化するなかで、分業化が進行し、それまで自製していた釣鉤も、量産によるものを安価で購入できるようになるなどの結果、全国的に画一化された釣鉤が使用されはじめ、伝統的な自製の釣鉤などは、急速に影をひそめ、湮滅《いんめつ》してしまったのである。

漁業者のだれ一人、毎日使用してきた釣鉤が貴重な学術資料になりうるなどとは考えてもみなかったことである。それは、当時の学識経験者についても同じことがいえよう。

一人、モースだけがこうした資料の湮滅を防ぐための手段として収集の緊急性、必要性に気づいたといっても過言ではあるまい。

事実、モース・コレクションを調査、研究することで、中村が調査したほど細密ではないにしろ、実物資料〈釣鉤〉をその収集地と比較することにより、〈釣鉤の型〉を部分的にでも実証す

ることが可能である。[14]（一六二頁参照）

こうした意味からしても、日本民具学がモース・コレクションから受ける恩恵は、はかりしれないものがあるといえよう。

（3）モースと博物館

上述のごとく、具体的な一事例をあげたように、わが国における明治期の釣鉤研究をするにあたっても、モースの恩恵を受けるところ大であるといえる。

同じような事例は、このほかにもいくつかある。一九八四年（昭和五九年）、同博物館からコレクション中の「看板」だけを里帰りさせての展覧会が開催されたが、そのおりに、すでにわが国では収集不可能な実物資料（看板）が展示、紹介され、この方面の調査・研究者にとっては稗益するところ大となった。[15]

モース・コレクションといっても、その民具資料すべてをモース自身が収集したということではないが、彼の思想のなかには、これまでにもくりかえし述べてきたとおり、〈モノ〉を収集することにはじまっての〈モノの継続〉ともいえる考え方があったとみられる。

ここで大切なのは、モースが断片的に〈モノ〉に興味や関心を示して保存しようとしたのではなく、こうした行為が思想性と継続性をもっていたことであるといえよう。

すなわち、モースが〈モノ〉を収集し保管するために〈モノの継続〉を考えたことは、逆に見れば、〈ヒトの継続〉であり、それは〈組織の継続〉を意味するといえるのではないだろうか。その両者は補塡的なかかわりにあり、組織的にヒトが働けば、保管されている〈モノの継続〉がなされ、逆に、いったん、〈モノの継続〉が行われるようになれば、〈モノ〉が〈ヒト〉を桎梏《しっこく》するといえるわけである。

そして、この両者をたがいに作用させるためにもっともたいせつな目的と機能を備えている組織（機関）として博物館を考えていたのであろう。

モースは、博物館を建設して、そこに〈モノ〉を保管し、それを後世にのこすことによって博物館という機関がヒトとともに機能し、あわせて〈ヒト〉が育ち、育ったヒトが、また〈モノ〉の収集、それを継続するために努力すると考えたのであろう。

こうして、モノがヒトと離れることなく時代を超越して生きつづけると考えたのであろうと思われる。そのことは、彼の著書『日本その日その日』の随所[16]にうかがわれる。

モース研究の民具学的視点のなかには、彼の記載した、明治一〇年代の民具を具体的に検討していくような仕方[17]もあろう。物質文化と進化思想とのかかわりも重要だ。

しかし、民具学（広い意味での物質文化学）の視点のなかには、今日、民具を研究対象とすることと以上に、その研究対象をいかに継続的に活用できるか、あるいはしなければならないかを再認識するところにあるのではなかろうか。

注

（1）『日本その日その日』、二巻　九三頁

（2）磯野直秀「エドワード・S・モースの契約書」、『慶応義塾大学日吉紀要・自然科学』一号　六三～六八頁、慶応義塾大学　一九八五年

（3）『横須賀海軍工廠史』、第二巻　八九頁、横須賀海軍工廠　一九一五年

（4）（3）と同、一四七頁

（5）『日本その日その日』、一巻「解説」参照

（6）（7）（8）『日本その日その日』、一巻「緒言」参照

（9）澁澤敬三・日本学士院篇、日本学術振興会　一九五九年

（10）『明治前日本漁業技術史』第一篇「釣漁技術史」、八五頁

（11）津軽采女正『何羨録』、享保八年（一七二三）。昭和五年刊、大橋青湖編『釣漁秘伝集』所収

（12）農商務省水産局編纂『日本水産捕採誌』、上巻　明治四四年、中巻　明治四五年、下巻　大正元年刊行、水産書院。復刻版、岩崎美術社（解説・田辺悟）一九八三年

（13）『日本水産捕採誌』中巻第二編「釣漁業」、二頁

（14）田辺　悟「釣鉤の地域差研究」『海と民具』、日本民具学会編、雄山閣　一九六二年

（15）田辺　悟「看板の世界・その歴史と民俗的側面」『幕末・明治のＫＡＮＢＡＮ展』（カタログ）一〇～一三頁、小学館　一九八四年

（16）『日本その日その日』、一巻　一二四頁、二一六頁、二三七頁など

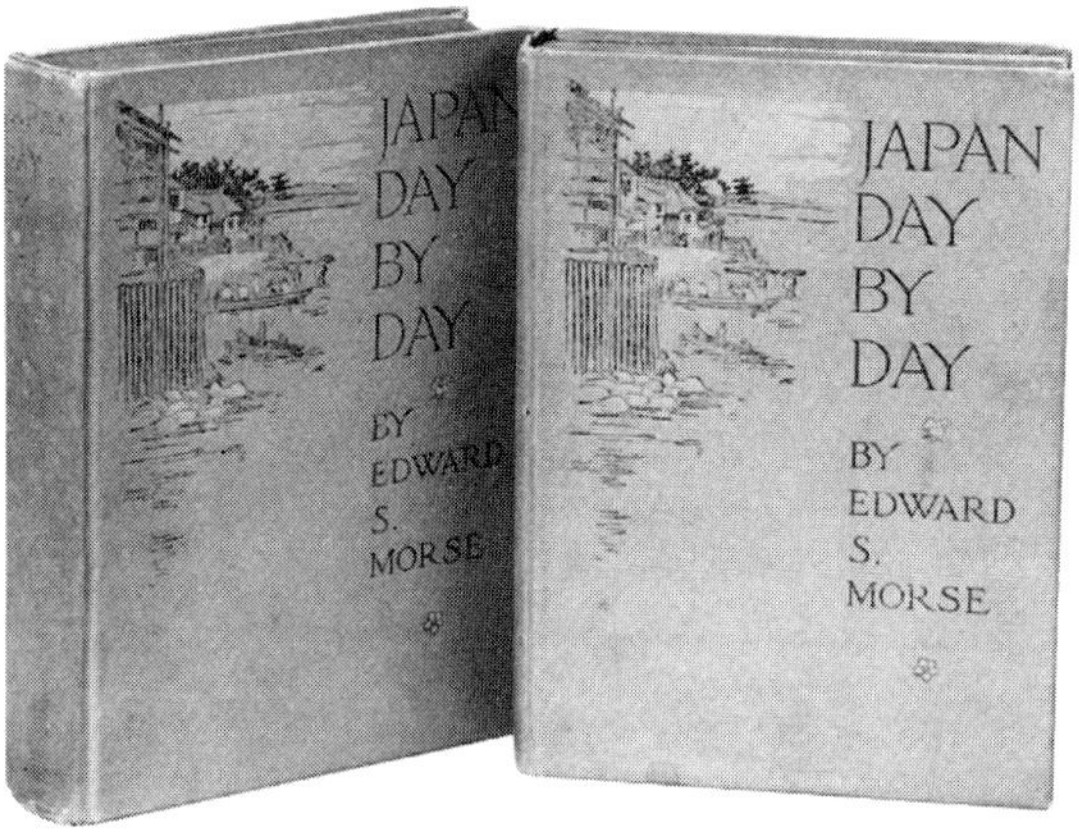

モース『日本その日その日』初版・全二巻　1917年

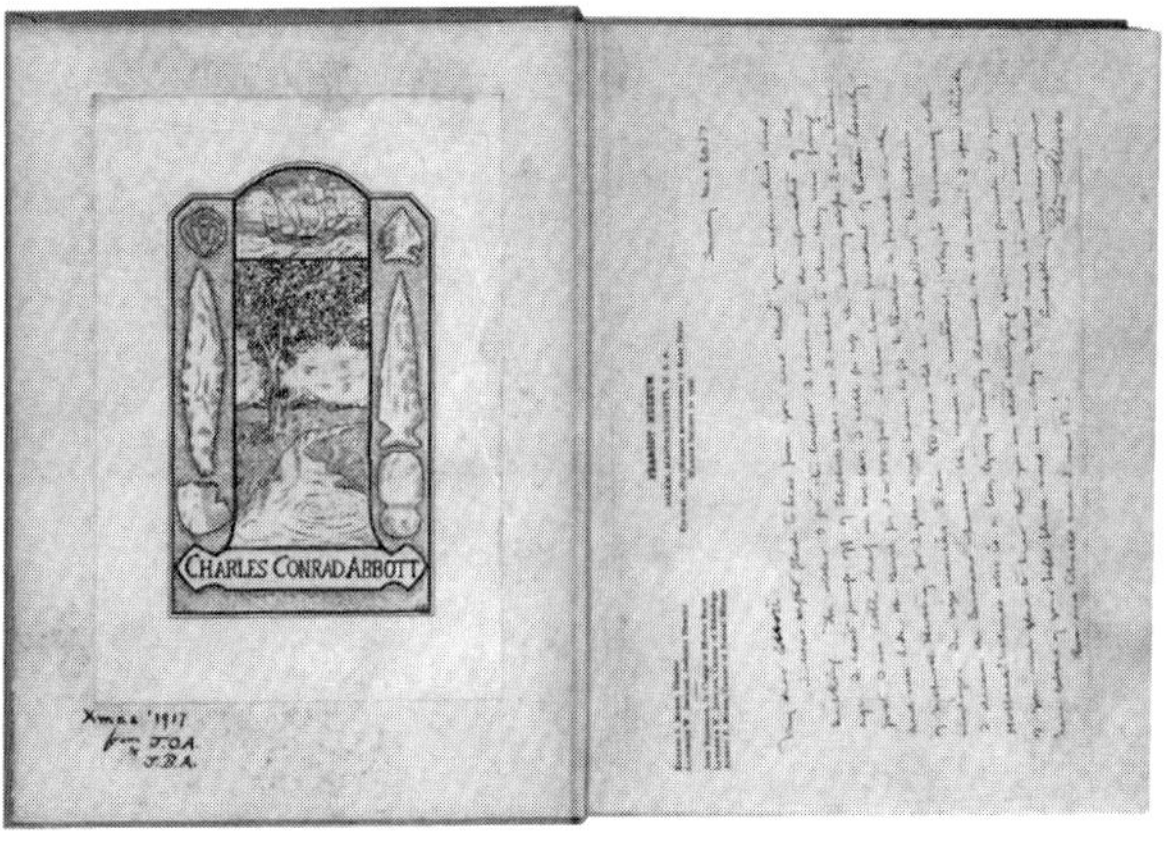

ピーボデー博物館の専用箋を使い、著者よりアボット氏に宛てた自筆書簡

1917年12月30日とみえるアボット氏旧蔵初版本

（17）中村たかを「モースと日本民具」『人類学雑誌』、第八七巻　三号、三〇三～三〇九頁、日本人類学会　一九七九年

4　日本におけるモース・コレクションの研究

大阪で万国博覧会が開催された昭和四五年、万博を記念して、後世の人たちに〈タイムカプセル〉を残そうという企画がもちあがった。そして、そのカプセルの中身には、日常用品が多く選ばれた。大阪城に近い市立博物館の一室に、それが展示されていたのを思いだす。未来の人たちのために、〈タイムカプセル〉の贈りものを準備したわけであった。

その後、ピーボディー博物館の収蔵庫で、私が最初にモース・コレクションに出会ったとき、これはモースが私たち日本人に残してくれた百年前の〈タイムカプセル〉にちがいないと思ったものである。大阪の万博が思いだされた。そして、ぜひ、これを日本の仲間に紹介したいと考えていた。それが今回（一九九〇年・国立民族学博物館）実現のはこびとなったことはうれしい。

近年、そのモース・コレクションは、いろいろな分野から注目され、研究されはじめている。民具研究上の立場から、モースは、わが国における民具研究の始祖にあたるといえる。わが国の物質文化研究（民具研究）に関してモースは、その草分けの一人である坪井正五郎らに大きな影響を与えたことは前述の通りだ。

そのモース・コレクションを戦後も見とどけてきた一人に、民具研究者、澁澤敬三がいる。昭和三四年に刊行された『明治前期日本漁業技術史』(日本学士院)を編んだ澁澤敬三は、この本の巻頭に、ピーボディー博物館所蔵の釣鉤《つりばり》などの写真をかかげ、「モールス博士の日本に於ける蒐集品《しゅうしゅう》を悉く《ことごと》展観して居るが、その中に当時の釣鉤を地方毎に集めた一扁額がある。現時の我国ではもはや到底手に入らぬものであり、この標本を詳細に研究して見度いものである」と特筆し、この方面の研究者に示唆を与えた。この本の第一編にあたる「釣漁」の部分が、昭和三七年に角川書店より『日本釣漁技術史小考』の題で刊行され、そこには澁澤がかかげた写真も同時に紹介されており、民具研究者、とりわけ漁撈用具の研究者のあいだでは釣鉤のコレクションはよく知られたものになった。しかし、その詳細についてはは明らかにされないままであった。

昭和五四年になると、モースとそのコレクションに関する研究があいついで発表された。まず、高橋克夫は『月刊文化財』(三月号)に、「アメリカの印象——博物館・民具・漁村——」と題した一文をよせ、その中でモースと日本の民具について紹介した。高橋はまた日本民具学会の会報『民具研究』(五四年三月)に「アメリカの民具」と題してモース・コレクヨンを紹介した。同時にこの会報には、モースが収集した陶磁器についての神崎宣武の紹介記事が掲載されている。さらに高橋はこの年、「アメリカ雑感」(瀬戸内海歴史民俗料館 年報四号)と題して、ピーボディー博物館所蔵の日本民具を紹介している。

筆者も第四回の日本民具学会大会（昭和五四年九月）で、「民具研究の一方法」と題し、モースが日本から持ち帰った、いわゆる「移出民具」について発表したのをはじめ、翌五五年には『横須賀市博物館報』第二六号に「モース・コレクション」を紹介、さらに六一年一一月、第一一回の日本民具学会大会では、「モース研究の民具学的視点」と題する講演を行った。

このようにして、しだいにモース・コレクションが民具研究者によく知られるようになり、『民具研究ハンドブック』（昭和六〇年　雄山閣）にも「民具研究の新しい視点」と題して、筆者はモース・コレクションについて記載した。その結果、モース・コレクションは民具研究上の市民権を得るまでにいたった。

その反面、一般のかたがたには、このモース・コレクションはあまり知られなかった。それにはいくつかの理由があった。そのもっとも大きな理由は、これまで、わが国では有形民俗文化財、とりわけ民具についての関心が低く、国内における調査・研究がたちおくれ、その成果をアピールするまでにいたっていなかったことによるといえよう。それは、日本民具学会が誕生してから新しいということにも裏付けされるし、それがなによりの証といえるのではなかろうか。

以上のような経緯の中で、研究とは別に一般のかたがたに「モース・コレクション」の存在をアピールした業績がある。

その第一は、昭和五七年の六月一八日と六月二五日の二回（二号）にわたり中村謙が『週刊朝日』誌上に「アメリカにねむる幕末・明治のニッポン――モース民俗コレクション初公開――」と題して、モース・コレクションの一部をカラーページで紹介し、多くのかたがたにコレクションの存在を知らしめたことである。このときの写真の撮影は押切隆世が行った。

そして第二は、昭和五九年の「幕末・明治KANBAN展」である。この展覧会は、コレクションの中の看板だけを一三一点あまり展示したもので、高島屋が東京・大阪・京都の三店を巡回させ、好評を博した。なお、その後西武百貨店や東京都大田区立郷土博物館でもモース・コレクションの展覧会が催された。

このように、モース・コレクションに対する興味、関心がしだいに高まり、ひろがりつつあるころ、国立民族学博物館の守屋毅《たけし》は、このコレクションに対して〈日本文化〉という側面からのアプローチを行っていた。この結果はのちに昭和五八年から六〇年にかけての共同研究「エドワード・S・モースとそのコレクションに関する研究」として結実するのだが、その経緯は、研究の成果である『共同研究　モースと日本』（昭和六三年　小学館）の編集後記にくわしいので参照されたい。

この研究会に筆者が参加するにあたっては、九学会連合会の共同研究「日本の風土」をともに行ってきた中牧弘允《ひろちか》の仲介によるところが大きかった。

しかし、モースの日本民具コレクションについての研究は、戦後の四五年間に継続、蓄積された顕著な業績があるわけではなく、その研究はまだ日が浅い。これまで、モース・コレクションに正面からとりくんだ研究の成果は少ない。モースが収集した日本各地の釣鉤の調査結果を筆者がまとめた「釣鉤の地域差研究――民具研究の一方法として」（『海と民具』日本民具学会編　昭和六二年　雄山閣）ぐらいだろうか。（一六二頁参照）その他、コレクションと直接の関係はないが、モースの著書『日本その日その日』の中に散見される日本の民具について分類・整理した中村たかをの「モースと日本民具」（『人類科学』第八七巻三号　昭和五四年　日本人類学会）は、明治一〇年代の日本の民具を具体的に検討しており、この方面の業績の一つである。

また、研究書ではないが、『モースの見た日本』（小西四郎・田辺悟構成　写真取材は押切隆世　昭和六三年　小学館）はこのコレクションの普及、紹介に役立った。

その他のモースに関する出版物には「深まるモース研究」と題する玉利勲の記事（昭和六三年七月一八日『朝日新聞』）がある。

ところで、さきにかかげた『モースの見た日本』という本を編むにあたり思ったことは、モースの日本民具コレクションは、「百年前の庶民生活文化」というテーマのジグソーパズルに似ているということであった。収集された民具の一点ごとは、パズルのピースに似て、それ自身の単品では、それほどの意味と価値をもたないようにみえるが、百年前の日本の庶民文化を明らかにしようとすると、とたんに個々の部分（ピース）は重要な意味と学問的な価値をもってくる。そしてパズルが完成して全体が見えてきたとき、個々のピースはそれぞれ重要な文化要素として機能しあっていることがわかるということであった。有機体の細胞の如くでもある。

百年前の日本人の生活の原風景を鮮明に再現するために、一点の民具も欠かせないのがモース・コレクションであるといえようか。

今回の展覧会を見ることによって、日本人が日本について再認識し、日本を大切にしようということに気がついてくれればうれしい。

また、『モースの見た日本』でもふれたが、同書はセイラム・ピーボディー博物館と小学館の信頼関係を基盤に、五年の歳月と多くの方々の協力で刊行のはこびとなったもので、結果として、日米両国面々の情熱と知性、友情の結晶、こまやかな文化交流の証《あか》しであり、モースをたたえる紙上顕彰碑の役割をはたしたことになると思う。

5　モースの民具コレクションの意義

一八七七年（明治一〇年）六月一七日、動物学者（博物学者）として来日したモースが、日本滞在中、本業としての研究以外に「陶磁器」の収集や「民具」の収集をはじめ、多彩な活動を展開したことはよく知られている。

本稿は、こうしたモースの活動の足跡を見るなかで、とくに〈民具収集〉に焦点を合わせ、その〈民具収集〉にかかわる今日的な意義について述べるとともに、〈民具コレクション〉の現在における位置づけと評価をとおして、今後、この方面の研究を推進するための指針を引きだそうとするものである。

（1）進化論的発想

動物学者（博物学者）であるモースが、〈モノ〉を収集したことは、他の博物学者と比較してとくに変わったところはなく、多かれ少なかれ、博物学者の収集欲（癖）は当然のことであるし、そうした資質をそなえていなければ、逆に博物学者になりえないといっても過言ではない。

しかし、モースの場合、自分の研究に直接関係のある〈モノの収集〉にとどまらず、陶磁器をはじめ日本の民具、工芸品など多岐にわたる収集を行った点が注目される。ともに、こうした事実は表面的、現象的に、モースが百般にわたる〈モノ〉に興味や関心をもっていたにすぎないという単純な説明によって片付けられない内在的な思想、あるいはバックボーンともいえる意図的、計画的な背景があったとみることができるのではなかろうか。

モースによる大コレクションが日本ではじまったのは、モースが来日してまもない一八七七年（明治一〇年）の秋ごろからで、それは、同年の六月中旬に来日して、わずか三ヵ月もたっていない点が注目される。

モース自身が九月八日以後の近い日に記した記事のなかに、「近頃私は日本の家内芸術に興味を持ち出した。これは我国で樺の皮に絵をかいたり、海藻を押したり、革細工、貝殻細工その他をしたりするような仕事と同じく、家庭で使用する物をつくることをいう。意匠の独創的《ママ》と、仕上げの手奇麗な点で、日本人は我々を徹底的に負かす。この問題に関する書物は、確かに米国人にも興味があるだろうし、時間が許しさえすれば、私はこの種の品物を片端から蒐集《しゅうしゅう》したいと思う[1]」とあることからもうかがえる。

そして、この記事中に記載されている（品物）の具体的な内容が〈民具〉であることは、以下の文面に、台所のバケツ（桶）などについてふれている点や、桶の種類の多いこと、またその事例として〈洗足桶〉をあげていることなどからも明白である。

しかし、モースが民具の収集を現実のこととして実現しようと決意した出発点は上述の記載時点にあるとしても、モース自身に内在した〈モノに対する執着心〉や〈収集欲にかかわる心の原点〉は、アメリカ在住時代、すでに醸成されていたとみることができる。

その理由は、すでに磯野直秀が「進化論の日本への導入[2]」において指摘しているごとく、モースは、スペンサーやダーウィンらの進化論支持者であり、前掲論文によれば、一八七四年七月ペニキース島臨海実習会でモースが進化論支持を明言したという記録がある、とされることなどによるためだ。

また、来日後も、一八七七年（明治一〇年九月二四日）に、はじめて講義で進化論にふれ、同一〇月六日以後、最初の進化論公開講義を三回にわたって大学で行った（一〇月一五日、一〇月二〇日）ことも知られている。

来日したモースの、上述のような行動からみて、モースは明らかに進化論の支持者であるとともに、進化論普及の努力を行っていたし、その内面的思考の結晶が、〈モノ〉の収集という外面的行為にあらわれてきたとみることができるのではなかろうか。

すなわち、動物学者（博物学者）モースは、動物の〈種〉の進化は、自然淘汰などの機構によって生じるため、おのずから〈優勝劣敗〉〈最適者生存〉の原則論が成り立つと考えるなかで、人間社会もまた当然のことながら、進化し発展するものであるから、一定の期間に〈暮らしの道具として用いられた日常の品々〉も、時代の流れ〈変遷〉とともに、変化し発展するものであるとしたのであろうことも、また当然のことであったといえよう。

すなわち、モースが人一倍、〈モノ〉に執着心をもつにいたった経緯には、二つの面があったとみることができる。

その第一面は、〈モノ〉自体が世のなかの推移とともに変化、発展、あるいは消滅するなど常に不安定な状態にあるため、それを保管せずに放置しておけば湮滅《いんめつ》してしまい、その足どりさえわからなくなってしまうので、将来に向けて、具体的に変化・発展の足どりを実証しうるための資料として収集、保管を行っておくこと。そして第二面は、収集した〈モノ〉（資料）を博物館などの施設に保管することにより、後世にいたっても、過去の足どりが具体的に理解でき、学術資料としても大いに活用できること。それには実物をとおして推移を実証的にみることが、もっとも科学的であると考えたなどである。

以上のようなモースの考えは、一八七七年（明治一〇年）六月二四日、最初に来日して一週間もたたない日に東京の教育博物館を訪問していること、また、来日して一カ月もたたない七月一二日には、教育博物館の嘱託に任命されているなどの行動結果や事実関係をはじめ、のちにモースが大学博物館設立に情熱を傾けていることからも裏付けされるといえよう。

(2) コレクションの意義

以来一〇〇年、モースの思想は今日に継承され、その「コレクションの意義」の重要性を指摘されるところであるが、こうした考え方は通用しても、その作法は過去のものであることにちがいない。

しかし今日、そのことに気づかずに、モース以来の作法を当然のことのように継続している研究者が現存することほ、いかに、わが国におけるこの種の研究の科学的な態度が欠如しているかを物語るものであり、反省せざるをえない点なのである。

すなわち、〈人文研究〉は、いまや〈人文科学としての研究〉なのであり、その学問の対象（素材となる資料など）の収集にはじまる〈資料化〉は、研究の方法論に裏付けられて、意図的計画的に行われなければならず、いたずらに、〈モース時代〉と同じように「なんでも収集すれば、あるいはしておけば、必ず後世の役に立つし、また役立ててくれるにちがいない」という考え方を改めなければならない時期にきているといえるのではないか。

今日における〈モノ〉に関する研究は、上述したような「後世にモノをのこす作業」と区別されなければならないことはいうまでもない。

すなわち、わが国における〈モノ〉に関する研究の草創期であったからゆえにモースの思想やそのコレクションが今日的意義をもつのであって、今日、一〇〇年前の〈モース時代〉と変わらない作法で〈モノ〉を考え、収集しているのであれば、その目的意識や態度を改めなければならないし、収集目的を再認識する必要があろう。

言葉をかえていえば、今日でも〈モース時代〉と同じ作法を踏襲しているのであるとすればそれは単に時代の変化をなつかしんだり、興味本位で楽しんだりするディレッタントにすぎずその行為の中身に科学性も歴史性も見いだすことはできないのである。

いわんや、人間社会に寄与する学問としての片鱗をも見いだすことができないといってよいであろう。世の中も、また、進化しているのであるから。

今日にいたっては、〈モース時代〉の踏襲は趣味人の行うところであって、すくなくとも、学問をもって職業とする人々の通常なすべき行為ではなくなってきているといっても過言ではないといってよい。

モースの日本民具コレクションは、一〇〇年前に上述のような点をわれわれ日本人に示唆《しさ》するための具体的な業績という意味で偉大なのである。

すくなくとも、それまで、わが国において庶民の日常生活にかかわる用具（民具）を収集しそれを分類し、整理し、調べてみようとするような学問的な土壌はなかったのである。それは今日の「日本考古学」においてもいえることであり、共通する点であろう。

それを最初に手がけたのがモースであり、今日における民具研究（民具学・物質文化研究）などの創始者として位置づけられるモースの日本民具コレクションであるがゆえに、意義深いものがあるといえるわけである。

また、モースの日本民具コレクションの意義は、つぎに述べる点にもある。

すなわち、わが国では在来の民具について、その収集・保管に立ち遅れがめだつばかりか、研究対象にしようとする関心も非常に遅れたことは上述のとおりで、欧米諸国に比較してみると、とくにその感が深い。

その理由はいくつかあると思う。第一に、わが国における人文科学は物質文化研究による実証主義をとり入れることに比較的無関心であったこと。第二に、近世末期以来からの学問が精神文化にかたよってきた傾向にあったことである。

昭和初期以来、民具に関する関心はもたれながらも、あいつぐ戦争のため、植民地政策の一環としてともいえる人類学（民族学）の一分野として、物質文化〈モノ〉の収集・調査・研究が〈土俗学〉等の名のもとに、ごく一部の研究者によってとり入れられたにすぎず、国内の研究は微弱であったことも指摘できるのである。

近年、民具に墨書のあるものを対象とした調査が小坂広志をはじめ、一部の人々によって行われているが、それと類似したものに「移出民具[3]」がある。

ここでいう〈移出〉とは、わが国から外国へ民具が流出した場合にかぎっていう。したがって他国よりわが国へ入ってきた民具は「移入民具」の名で呼べる。「移入民具」は、数量の多いもの、少ないものなどあるが、たとえば、市立函館博物館所蔵のパラオ諸島の民具や、最近のもののでは国立民族学博物館で収集している世界各地域の民具がそれであり、まとまりのある民具（コレクション）がとくに注目される。

ところで、移出民具のうちでも数が多く、その移出年月日が明確である場合、それは今後、わが国の民具研究を行っていくために、かなり重要な意味をもっている。

というのは、移出民具のうち、移出年代が明確なものは前述した「墨書のある民具」（紀年銘民具などとも呼ばれている）と同じ扱いができるからだ。

たとえば、一八五三年（嘉永六年）や一八五四年（安政元年）にアメリカのペリーが来航のさい、わが国から持ち帰った移出民具は数百点にのぼるが[4]、それらの民具は一八五三年（嘉永六

日本の大工道具・漆器・うちわ
（スミソニアン博物館のペリー・コレクション）

年）に使用され、墨書されていたのと同じ資料価値をもつものであるとみてよい。

このことはモースが収集した日本民具コレクションについてもいえるわけで、今日、セイラムのピーボディー博物館などに保管されている日本民具は、「収集品〈日本六八〇点・他一四一点〉をピーボディー・アカデミーに渡す[5]」などの記録からして、明治一六年の墨書があるのと同様の資料価値をもつものなのである。

しかも、この時代における民具類をコレクションとして保管している例は、わが国にはないため、この方面の研究を行う場合には、国内資料と同じように、欠くことのできない貴重な資料であるといえるわけである。

今後、わが国の民具研究をより発展させるためには、佐野賢治による比較民俗学と同様に、周辺諸地域（諸国）との比較民具学の視点をもつこともたいせつであるが、「移出民具」に関する詳細な調査・研究をも新しい民具研究の視点として加え、明らかにしていく必要があろう。

そうした意味と、今後の可能性を希求し、モースの日本民具コレクションを民具研究者の知的な共有財産にすることができるということは、大きな意義があるといえよう。

また、守屋毅のようにモース・コレクションの意義を別の側面からとらえている例もある。

守屋によれば、「モースの業績は、とりもなおさず日米文化交流中の文脈のなかで検討され、また評価されるべきものではないか[6]」と考える。

すなわち、「在日中のモースの周辺には、モースをめぐるさまざまな人脈が形成されていた。その人脈のいくつかはモースのもたらしたアメリカの知識を受けとめる基盤であった。と同時に、またいくつかのグループは、モースに日本を知らしめる環境にほかならなかった。そこには、文明開化期における若い知性の交歓をみることができるのであった」。

そして、モースが帰国し、ボストン近郊のセイラムに居を定めたのちも、「知日派アメリカ人のサークルがかたちづくられ、前世紀末より今世紀初めにかけての東部アメリカにおける日本研究をリードしたのであった。そのサークルのなかにフェノロサ、ビゲロウ、ウェルド、そして岡倉覚三（天心）といった人の姿を、たちどころに見出すことができる。それはまた日米文化交流史の忘れがたい一風景であった」と記している。

以上のように守屋毅は、ボストン美術館やセイラム・ピーボディー博物館を東洋（とりわけ日本）研究の殿堂にしようと情熱を傾けた知日派アメリカ人サークルにとって、モースの日本民具コレクションは、その具体的な証しとして、人々を納得させ、また魅了させる役割をみごとに果たすのに十分であったとみるのである。

ともあれ、モース自身の多彩な人間像に関心をよせ、彼の業績にいまさらながら気づきはじめてきたことの一つとして、民具コレクションの今日的意義を明確にしておくことは現在、および将来の民具研究にとって、重要なことであるといえよう。

（3）まとめ

これまで述べてきたように、モースの日本民具コレクションの意義は、いくつかの側面からとらえることができる。そのなかでも、民具研究者がとらえたのとは別の視点で守屋毅がとらえたように、アメリカ（モース）と日本（ここではとくに日本での収集活動）という〈事実関係〉と、その結果（成果）としての資料の集積だけに大きなウェイトをかけてとらえ、〈その意義を両国間の文化交流〉として意義づけた点は注目すべきところである。

すなわち、モースは日本人のために、当時としては新しい進化思想を普及させるための先導師の役割を果たし、科学的知識の普及活動に貢献したばかりでなく、当時日本人が、まだだれもその必要性を身近に感じていなかった民具を収集し、博物館資料とすることによって、民具を研究対象とする学問の門戸をひらいた最初の人であった。日本の民具に学問的な市民権を与えたのは、とりもなおさずモースによるといってよいであろう。そして、収集した民具をアメリカに持ち帰ることによって、〈モノ〉をとおして日本を紹介した点を守屋毅が強調していることが注目される。

今日、わが国においても〈モノ〉（物質文化）の研究がさかんになり、博物館・資料館などで民具をはじめとする〈モノ〉の収集が行われ、それを分類し、整理するとともに、調査、研究して、展示（教育普及活動のための資料として活用）に供され、こうした活用があたりまえのように実施されているが、〈モノ〉（実物）をとおして庶民の文化を理解しようとする態度は、幕末以来、欧米人が共通して行ってきた一つの方法であり、そのことをわが国に伝え、ひろめたのは、モースをはじめとする人々であったのである。

今日、シーボルトによって収集された日本資料《Philipp Franz von Siebold が一八二三年（文政六年）からの最初の日本滞在中に収集した約一万点（ライデン国立民族学博物館所蔵）》をはじめ、その後の来日で収集した約二三〇〇点（ミュンヘン国立民族学博物館）、彼の次男であるハインリヒ・フォン・シーボルトの収集したうちの、約五三〇〇点（ウィーン国立民族学博物館）(7)や、ペリーの収集による資料《Matthew Calbraith Perry が一八五三年（嘉永六年）と一八五四年（安政元年）、に収集した約四〇〇点（アメリカ・ワシントンのスミソニアン研究所――国立自然史博物館等）(8)》などが、モースの日本民具コレクションとならんでよく知られているがペリーが日本の民具などを収集して帰ったのは、鎖国中の日本人がどのような道具（民具）を使って、いかに暮ら

シーボルト・コレクション調査の頃の筆者（オランダ・ライデン国立民族学博物館）

しているのか、また、庶民の生活文化の所産としての道具（民具）がどのようなものであるのかということなど、異国の文化を本国の人々に具体的に理解させるためには〈モノ〉を持ち帰って示すことがいちばんの近道と考えたからにほかならないとみてよい。

ともあれ、モースの日本民具コレクションは量的にみても約一万三〇〇〇点以上をかぞえ、前掲のシーボルト、ペリーなどの収集した資料をしのいで最高峰に位置している点でも重要であり、その資料〈モノ〉の質（資料価値・学術的な価値）の高さはいうにおよばない。そのなかには今日、わが国では収集不可能な資料が数多くふくまれているのである。

一例として、幕末から明治初期にかけての漁撈用具（釣鉤）などをあげることができるが、その詳細については、本書中の別稿「モース研究の民具学的視点」（五二頁参照）において述べた通りである。

注

（1）E・S・モース『日本その日その日』一巻、石川欣一訳、東洋文庫、一二三七頁、平凡社　一九七〇年

（2）磯野直秀「進化論の日本への導入」『共同研究　モースと日本』小学館　一九八九年

（3）田辺　悟「民具研究の一方法」、『第四回日本民具学大会発表要旨』七頁、日本民具学会　一九七九年

(4) 田辺　悟「その後のペリーコレクションとアメリカの博物館」『横須賀市博物館館報』二六、二二～二五頁、横須賀市博物館　一九八〇年

(5) 磯野直秀「モースその日その日」、一九八五年、エドワード・S・モースとそのコレクションに関する研究会の研究資料

(6) 守屋毅「モース・コレクションの意義（幕末・明治のKANBAN展にちなんで）」『読売新聞』、五月一五日夕刊　一九八四年

(7) ヨーゼフ・クライナー「欧米の博物館の日本コレクション」（ヨーロッパ）『民具研究ハンドブック』、三一一～一三頁、雄山閣出版　一九八五年

(8) 田辺　悟「欧米の博物館の日本コレクション」（アメリカ）『民具研究ハンドブック』三一四～三一六頁、雄山閣出版　一九八五年

6　残存民具と残滓民具の迫間――幕末に民具を見据えた三賢――

(1) はじめに

すべての事象・事物に史的背景(歴史)があるように、また、すべての事象・事物には因果関係(原因性)があるといえようか。

とくに、人文科学における学術・文化に関する史的背景についてみるならば、こうしたかかわりは深く、強い。さらにその学史ともなればなおさらのことであるといえよう。

本稿は、日本民具学が明治一〇年代に萌芽期を迎えたという立場に立ち(1)、それまで、この方面の学問的な興味や関心を養い育ててきた土壌と、そこに醸成されたとみられる「モノ」に対する学問的な原因性を跡づけてみようとするものである。

具体的には、幕末に民具を見据えた三賢人ともいえる菅江眞澄・大蔵永常・鈴木牧之《ぼくし》をとりあげた。そしてさらに本稿は、今日の日本において日毎に消滅していく残存民具・残滓民具と上述の三賢がはたした業績をふまえ、現代社会において民具研究をおこなっていくために必要な「現代民具論」を展開しようとするものである。

なお、本稿における「残存民具」・「残滓民具」・「現代民具」等についての研究上の範疇については本論中にて述べることにしたい。

このように、われわれが興味や関心をいだいている学問分野の過去をふり返り、足跡をたどることは、今後の研究にとって、稗益するところが大きいと考えるためである。

（2）民具を見据えた幕末の三賢

まず、本稿では、江戸時代の末期、まだ民具研究の草創ともいいがたい時代に「モノ」を見据えた菅江眞澄・大蔵永常・鈴木牧之の三人の業績をみることにしたい。幕末に生きた三人の残した業績をみると、その目的・意図はそれぞれ異なっているものの、今日、この方面の調査や研究に興味や関心をよせる我々の学問的立場からすれば、かけがえのない遺産といっても過言ではないほどの学問的共有財産を残してくれた。そういう意味で、上述の三人を三賢人と呼び、位置づけておきたい。

無論、我々の目指すこの方面の研究に稗益する業績は三賢以外にも多い。特に各分野の専門的研究ともなれば評価も異なる。しかし、上述の三賢にとって共通する業績は幅広い、マクロスコピック（巨視的）なモノの見方と、ミクロスコピックな両極的視点をそなえていることである。

また、それは今日、河野通明[2]らを中心に、さかんにおこなわれつつある『絵巻』や『屏風絵』

の研究素材とも質的（内容的）に異なるものである。例えば、土屋又三郎による『耕稼春秋』と菅江眞澄による『遊覧記』・『百臼之図』、大蔵永常の『農具便利論』・『除蝗録』等を比較すれば明らかである。

だが、上述のような理由はあるにせよ、古河古松軒の『西遊雑記』や『東遊雑記』、司馬江漢による『西遊日記』、『勇取絵詞』、時代はかわるが菱川師宣の『大和侍農絵づくし』、名越左源太による『南島雑話』、赤松宗旦『利根川図誌』、喜多川守貞による『守貞謾稿』、屋代弘賢『古今要覧稿』、『和漢船用集』や『今西家舶墨縄記』など、この種の貴重な資（史）料となるものは枚挙にいとまがない。

民具研究をおこなっていくために、過去に生きた人々の業績を参考資料や引用文献として、活用・利用できることは、学恩はもとより、研究や学問を進歩、発展させていくための重要な要素であり手段であり、方法である。そういうときに、大いに利用価値のある文献等は上述した以外にも多い。そして、その活用、利用の価値は、それぞれの主題設定の理由と大きくかかわるので、浜辺や海とかかわりをもつことを研究しようとする民具学徒、山や岡（陸）とのかかわりを研究しょうとする民具学徒では、それぞれの資料価値、位置づけが異なるのは当然のことといわざるを得ない。しかし、こうした多くの業績の中から三人の賢人を選んだ理由は上述の点にあるためだ。

菅江眞澄に関しては、これまでの研究業績(3)にゆずるが、眞澄は宝暦四年（一七五四年）から文政一二年（一八二九年）にかけての人とされる。『百臼之図《ももうすのず》』をはじめ、『粉本稿《ふんぽんこう》』・『凡国異器《ぼんこくいき》』・『凡国奇器《ぼんこくきき》』など特に注目されるが『遊覧記』全体の中にも見るべきものが多い。

大蔵永常の生誕に関しては明らかではないが明和五年頃（一七六八年頃）、豊後の国（大分県）日田で誕生したとされる。また没年については、永常が安政六年（一八五九年）に『広益国産考』を著した翌年、万延元年（一八六〇年）に九三歳で江戸にて死去したと伝えられているにすぎないとされている。

永常に関する著作のうちでは、上述したようにみるべきものが多い。

鈴木牧之は明和七年（一七七〇年）一月七日に越後の国（新潟県）塩沢で生まれたとされる。今日の新潟県南魚沼郡塩沢町である。牧之は家業の質屋と縮布の仲買をつづけながら天保六年に『北越雪譜』の初編を刊行したといわれ、この書物中の原図の大部分は牧之自ら描いたといわれるだけに信憑性が高い。天保一三年（一八四二年）五月一五日に七三歳で没したとされている。

周知の通り、上述した三賢の著した著作はこれまでにも民具研究者によって稗益するところ大きく、大いに活用され、参考・引用文献とされてきた。

たとえば、鈴木牧之の『北越雪譜』についてみれば、雪中履物（歩行の用具）としてのスカリ・カンジキあるいは藁沓・深沓等の使用、利用方法といえば、どの論文や書物、パンフレット等にも引用される挿絵がある。

そのような、民具の使用、利用を説明するための常用化されたものといえる、いわば、教科書、参考書的な活用という事実が積み重なっていくことにより、民具に対する理解が深まり、民具についての興味や関心を高める役割をはたすことができるといえる。それは民具に心をよせる人の輪を広げることになるのである。そして、一つの間接経験的な知識として人々のあいだに定着していくことになるといってよい。近年、小島摩文が学会発表した「民具名称について」の中には、江戸時代の農書等の活用も多く、こうした文献民具学的分野の今後が期待される。

今日のように、残存民具・残滓民具そのものを暮らしの中で身近に使うことも見ることもすくなくなった時代にあっては、こうした間接的な知識をとおさなければ、日常生活において古い民具に接するということはできなくなってきたのである。

直接経験による民具に対する学習のみをもって研究の具体的な素材としたり、研究対象そのものとすることだけを志向しているのでは民具研究の現状はますます危機的な状態、段階をむかえ、この方面の研究の先ぼそりをまねくことにならざるを得ない。

われわれ民具学徒は、自分達の研究対象やその分野をむりに狭くするのではなく、逆に、現在狭《せば》められていく研究対象や分野を広めなければならないのである。そういう観点からしても古文献による研究や活用は重要であるといえよう。

さらにもう一例を身近にあげるならば、『綿繰具の調査研究』[4]という角山幸洋の労作に引用されている「綿繰具」がある。

綿繰具というのは、木綿を収穫したのち、綿毛と綿実を分離するもので、この作業は、もとは手先による作業で、綿毛を引き抜いていたが、能率化をはかるために道具をつかい、綿毛と綿実を分けて取出すことを発明し、東南アジアの綿作地帯に広がり、綿作の拡大とともに、北進することになり、わが国に伝えられた道具（民具）とされる。

角山によると、わが国の綿繰具は、中国より導入の過程で、大別して大型、小型に分かれ、構造をことにする二種類の綿繰具が存在することをあげ、大蔵永常の『綿圃要務』が天保五年（一八三四年）に刊行されたときには、大型綿繰具を「立綿繰」とよび、小型の綿繰具を「真粉」とよんでいたことを引用しつつ紹介している。

こうした現代における角山幸洋による民具研究のように、調査・計測・研究を地道におこない、この方面の研究の基盤ともなる業績をうちたてるにあたり、その史的背景の一事例として大蔵永常の記載が活用されるということは、とりもなおさず、大蔵永常自身が今日に生きつづけていることになるともいえよう。

同じように中山正典は「稲刈り鎌についての民具学的検討[5]」の中で大蔵永常の『農具便利論』・『除蝗録』等を引用している。

（3）残存民具と残滓民具

次に、本稿でいう「残存民具」と「残滓《ざんし》民具」とはどういうものをいうのか、その定義づけはいかなるものなのかについて述べたい。

この二つの民具のカテゴリーのうち、まずはじめに耳なれない「残滓民具」からみていくことにする。

筆者は昭和五二年に神奈川県教育庁が刊行した『ふるさとの文化財』（民俗文化財篇）を編むにあたり、はじめて「残滓」という用語（語彙）を、この方面の事物（モノ）の本質をとらえる思考の形式として、また特徴やそれらの内容を明らかにするために用いた。

まず、「残滓」という概念規定についてみていく。

上述の拙著においては、項目を、(1)いかに生きたか（暮らしの伝統）、(2)日々の生きざま（暮らしの柵《しがらみ》）、(3)無想の遺産（暮らしの残滓）という三分類にした。

そのうちの(1)は、生産・生業、衣・食・住、交通・運輸、通信・交易など暮らしにかかわる伝統をあつかい、(2)は社会生活、人の一生（通過儀礼）、信仰、年中行事等にかかわる、暮らしの柵、そして(3)は民俗知識や民俗芸能、競技、娯楽、遊戯、口頭伝承などにみられる、意図的、計画的でなく、ひたすらに、親から子へ、子から孫へ伝えられてきた無想の民間伝承の中に、実は文化遺産（生活文化財としての遺産）が今日に残され伝えられているというものを、暮らしの残滓としてあつかったのである。もちろん、集団生活での社会伝承も含んでいる。

すなわち、(1)は、これまで暮らしの基盤となったもの（生産・生業）を基調とし、あわせて、生活の根幹である衣・食・住についてまとめ、(2)は、生活をささえ、成り立たせた信仰、社会生活等、(3)は民俗知識あるいは日々の暮らしそのものにかかわる娯楽・民俗芸能等についてみていくことにしたものであった。

ようするに「残滓民具」というのは、現在、特別の場合をのぞいて、新しく製作されることのない過去に生きた民具だが、現在、残っている民具のことである。そして、残滓民具は過去の暮らしを知る（理解する）上で、貴重な民具である。ここで「特別な場合」というのは、例えば博物館等の展示や教育普及活動等での必要から複製品や模型を、製作するときのことである。さらに、神楽で神主（宮司）が手にする持ち物（採物《とりもの》・幣など）や民俗芸能「チャッキラコ」（ユネスコ無形文化遺産登録・国指定重要無形民俗文化財）の踊りに用いられる「綾竹《あやだけ》」・「舞扇《まいおおぎ》」などを含めていう。

また、残滓民具の中には世伝品も含まれる。世伝品とは、世の中に代々相伝された品物で美術品や工芸品などのように主なものは公卿・諸大名・寺社・各地の旧家・豪商などその家々に伝えられ、今日まで保存・管理されてきた器物・家具・調度・装飾品・美術工芸品などをいう。

世伝品の中には民具類もあり、注文製作されたり、購入したりした年代や、その事情を示す墨書（箱書・箱書付）のある場合もあるので、品物についての記録が残っているため、「モノ」の変遷を知るうえで重要な手がかりになることもあるので、研究上、役立つことが多い。民衆的工芸（民芸）品の中にもこの種の「モノ」がある。所謂「骨董品・古道具」も含まれる。

本来的な（実用的としての）意味での民具としては機能しない場合もあるが、転用されることや装飾品として、あるいは美術工芸品の仲間入りをして用いられたり、博物館・民芸館等で展示資料として供されたりすることもある。神野善治が研究中の「香時計」もこの仲間だ。

このように残滓民具とは、基本的には過去に使用された民具で、現存するものをいい、実用として用にたりうる民具ではないものをいう。すでにその本来的な実用品としての役割を終えた民具故に「残滓」なのであり、「ぬけがら」であり、「遺物」であるともいえる。しかし、文箱などのように使用すればできるものもあるし、上述した「採物」などのように再製したり、複製されつつ継続して使用されるものも中にはある。

事例を『日本の民具』(6)（第一巻・町・慶友社・昭和三九年）にみれば、梁上二段そろばん・銭巻・銭桝・銭箱・棒ばかりと分銅・ひょうたん秤・行商箱・各種の木札（鑑札）・矢立・飛脚の負網・行燈《あんどん》・燈火台・香時計・鉄漿盥《おはぐろだらい》・柄鏡などの類である。前掲書第二巻の「農村」を例にとるならば、田下駄・大足・かんじき・いわいばんどり・蓑《みの》・糸車・しでばち等をあげることができる。

以上のように、現実に民具は残っているが、民具としての使用目的からはずれ、使えないことはないが、本来的に機能せず、役割をおえて現役からしりぞき、教育・学術・芸術・文化といった本来の目的以外の価値をみいだされたにすぎない民具類がある。

こうした民具は人間の残り少ない余生、生涯と同じように、やがては消滅してしまうかもしれないことを考えると「残生」の民具と呼べないこともない。しかし、我々は、この種の民具を積極的な態度と責任で後世に残し伝えなければならないのであるから「残生」や「残余」ではすまされない民具類である。ということは、ある時代には人々の暮らしに大いに役立ち、もてはやされて使われたが、役を終えた民具であるから、美しい花が咲きほこったあとの残花のように「残英」（散り残った花）という表現を使いたいという思いもあったが、あまりにも抽象的・文学的表現になりすぎるむきもある。また、「残留」となると、むりに残りとどまった感もあり、「残燭」では夜明けまで消え残ったさびしい灯のようで力強さに欠け消極的である。あれこれ考えた結果、「残滓」の語彙を選び使った。ただし、「残滓」も残りかすの感をまぬがれないが、「残滓《ざんし》」は「残滓《ざんさい》」の慣用読みであるため、わかりやすさがあるので良いと考えた。

次に「残存民具」というのは、伝統的な素材を使い、伝統的な製作方法（手法）にのっとり、伝統的に使用される（使われかたをする）「モノ」で、現代社会においてもまだ日常の暮らしの中でその機能を充分にはたしている民具類である。

しかも、現存し現役の民具ということにとどまらず、今日でも伝統的に同じ素材を用い、伝統的な技術的手法で新たに製作（生産）されている民具をいう。したがって、伝統的な生活の場において使用される「モノ」ということになる。「残滓民具」と「残存民具」のちがいを端的に述べれば、「残滓民具」はその機能をはたす目的で再び製作されることがすくないのに対し、「残存民具」は今日でもその機能が生きており、その機能をはたすためにまだ多くが日常的に製作（生産）されていることである。

したがって、「残存民具」は、これまで民具学徒により、「在来民具」とよばれてきた民具類の範疇に入るもので、その概念規定はほぼ一致する。それは「伝統民具」にも一致するが時系列の観点がことなるといえよう。

しかし、本稿において「在来民具」と区別したのは次の理由による。

すなわち、「在来民具」という見方、考え方は時間的な経過の区分がないので、この時間軸という点を明確にすることが研究上では重要であると考えたためである。

「在来民具」という場合には、「過去」という時間的経過（時代・年代）を一括して捉えるという論点であり、その伝統的ともいえる根源は際限なく過去にさかのぼっていく。「伝統民具」という見方も同じことがいえる。ということは、縄文文化の時代や弥生文化の時代に用いられてきたモノについても在来民具という概念はあてはまることになる訳である。

たとえば、釣鉤一本をとってみても骨角製の釣鉤は現在では製作されたり、使用されることは普通ではないので、素材が異なるため民具とはよべなくても、鉄製の釣鉤の中には民具とよべるものがあり、それが遺跡から発掘されて、今日、保管されていれば、それは在来民具ということになるであろうし、そうよべないことはない。

しかし、現実に使用することのない考古資料としての鉄製釣鉤を在来民具としてあつかうのではなく、あきらかに現在、同じ素材の鉄（実は鉄の組成は異なる）を用いて釣鉤を製作したとしても、同じような製作方法によるものでなければ、民具とよぶことはできないというのが筆者らの民具に対する見方、考え方である。（一一三頁参照）[7]

ただし、材質が同じで、形態も同じ、しかも使用方法（同じ使われかたをする）となれば、民具類であるにはちがいない。こうした民具類を在来民具として一括して研究対象とするのではなく、残滓民具としてあつかい、在来民具と区別するためには、残存民具という概念規定を設定することが必要になると考えたためである。

「残存民具」の事例を『日本の民具』（前掲書）にみれば、そばがきの桶・湯桶《ゆとう》をはじめとする蕎麦屋の道具・眼鏡・櫛・鍬や鎌などの農具などある。また、日常的に使用している飲食器類のうち、木製品や漆器類、竹製品などの多くが含まれる。

とくに、我が国における伝統的な食品である麺類づくりや調整具・食器など一連の民具（台所用具）や上述の蕎麦屋の民具類の中には竹材を用いて製作した笊《ざる》類や曲物、刳物などがみられるのは一般によく知られている通りだ。

（4）現代民具

次に「現代民具」についてみていくことにしたい。まず、「現代民具」というのは、日毎に変

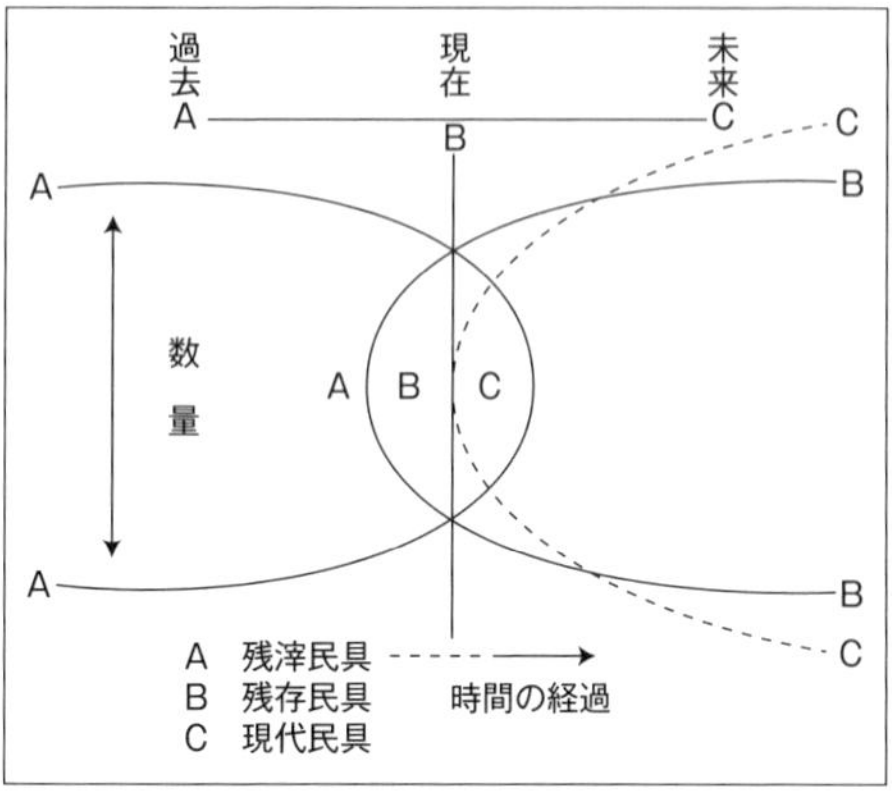

・残滓民具・残存民具・現代民具の時間的経過を表現した模式図（概念図）
・時間的経過とともに、やがて残存民具（B）の数量以上に現代民具（C）が数量を増していく。縦軸にある上下の幅は数量を示す
逆に、残滓民具（A）は時間の経過とともに、数量を減らしていく。

図１　民具が誕生から消滅まで繰り返す民具の一生図

化をみせている今日でも、日々新たに製作されたり、継続的に使用されたりしている日常的な民具である。

したがって、今日の時点において「残滓民具」や「残存民具」と重複する存在にあるが、残滓民具や残存民具は時間の経過とともに減少していくのに対して「現代民具」はその量をしだいに増していくという傾向にある。

しかし、質的にも増えるかどうかは、これから民具を使用する人々の消費の動向にかかわってくる。ようするに、人々の暮らしに対する姿勢にかかわっているのである。言葉を変えていえば、今日及び将来（未来）に生きる人々が、どれだけ伝統的な暮らし方をとり入れ、それを大切にしていくか、その取り込みかたの度合によって数量は決まるのである。

民具は、誕生した時は常にその時代の現代民具であるが、時間が経過するにしたがって残存民具となり、民具類の残生はやがて残滓民具に移っていく。

このように民具は常に現代民具→残存民具→残滓民具という過程をへて民具の一生を終り、それが繰り返される。これは民具の輪廻・転生ともいうことになる。したがって、時間が経過する程度により、同じ民具類であっても現代民具であったり、残存民具であったり、残滓民具であったりするものもありうる。それは現時点においてさまざまな民具類が重層的に存在しているためである。現状は、三つに分けた民具の仕分けが、互に重複しあって存在している。

以上のことを模式的に図示すれば図1のごとくである。これまで、民具学徒の中には「流行民具」なる概念を提唱されたかにみえたむきもあったが、そうした民具の見方や考え方は洞察力に欠けているといわざるを得ない。それは上述したように現代民具の誕生、活用の範囲についてのみに視点をあわせているにすぎないためであるといえる。

(5) まとめ

古い時代に考案、工夫され、製作され、使用され、今日でも暮らしの中に生きている民具を「在来民具」とか「伝統民具」と呼ぶならば、寝具、被物、服物、履物などの他、台所の民具や食生活、居住生活にかかわる多くの民具や生産・生業に使われる民具を具体的に例示できる。

しかし、こうした民具について、見方、視点をかえ、上述した民具の中にも過去においては大いに製作され、使用されてきたが、今日的段階においては過去における時代ほど使用頻度や範囲、利用数や利用量（使用量）等が限定されつつあり、現代でも製作され、使用されてはいるが、その現状は先細の状況（現状）にあり、将来（未来）はさらに、製作されたり、使用されたりする数や量が減少し、やがては使用されることが稀になったり、例外的になったりする民具もある。こうした民具を「残存民具」と呼ぶことができる。

たとえば、稲藁製の履物をはじめ藁製品などの多くがそれにあたる。

もとは狩猟や漁撈において用いていたり、戦いのための弓矢が、今日では競技や遊戯に用いられているのも同じである。

また、こうした民具とは別に、過去においては製作され、使用されていたが、今日ではまったく製作されることがなく、使用もされなくなってしまった民具がある。生産・生業にかかわるものとしては養蚕や製塩など今日ではほとんどおこなわれなくなってしまったものをはじめ、農具のうちでも千歯（千把扱）をはじめ脱穀・調整用具の多くは、その方法が変わり、動力化が進んだために民具としては死滅したといってよい。しかし、こうした民具はその機能は失なわれたが、他の面での民具としての存在価値があることは上述した通りである。こうした民具を「残滓民具」と呼ぶことができる。残滓民具を生み出す根源は、民具が使われなくなった暮らしの変化が第一の理由にあげられよう。

そして最後に、過去において製作され、使用され、今日でも大いに活用されており、今日なお健在な民具、あるいは今日、われわれの暮らしの中で、身のまわりの民具として有用な存在、あるいは使用頻度を高め、使用範囲を広めつつある民具がある。こうした民具は今後も製作されつづけ、質量ともに増えつづけるにちがいない。こうした民具は「現代民具」とよぶことができよう。研究上では、こうした三つの仕分けの概念も必要になる。

以上、われわれの暮らしをとりまく民具の中にも、(1)過去において、つくられ、使われ、今日ではその形骸だけを見ることのできる民具や復元可能で再製されている「残滓民具」、(2)過去において、つくられ、使われ、今日でもなおほそぼそであっても、つくられ、使われている「残存民具」、(3)今日でも、つくられ、使われている民具や、将来的にさらに使用頻度を増し、現在及び将来（未来）において有用視されていくであろう「現代民具」など、過去・現代（在）・未来（将来）という時間的な経過の中で、その存在価値あるいは使用価値を変化させていくという時系列の中で民具を捉え、研究対象とすることは重要な視点であるといえよう。

こうした民具の見方、考え方は、今日、特に現代民具の研究において、その研究成果が今日的課題に対応・対処していくためにも、ぜひ、検討・考察されなければならないといえる。

時系列の中に民具を位置づけることが重要である理由は、「現代民具学」を構築し提唱、実践しなければ日本民具学の将来はありえないと考えるためである。

そのためにまず大切なのは民具に関する理論的な大系化を進めるということであろう。日本民具学は「現代学」であり、実生活に役立つ学問でなければならないことは論を待たない。そのためには日々の暮らしの中に生かされ、将来を志向できる内容でなければならない。重要なのは、時間的な経過、時系列を明確にして民具類（群）を位置づけ、過去の残滓民具、残存民具の研究のみに溺れないことに対する警鐘も必要であろう。

ただ単純に、古い道具類（民具）に思いを寄せて、集めたり、調べたりするだけでは、民具学にならない。

注

（1）田辺　悟「日本民具学の誕生とモース」『木下忠先生追悼論文集』雄山閣　二〇〇一年
（2）河野通明「民具マンスリー」神奈川大学日本常民文化研究所　一九九九年
（3）内田武志・宮本常一編者『菅江眞澄全集』未来社　一九七三年など
（4）角山幸洋『綿繰具の調査研究』関西大学出版部　二〇〇一年
（5）中山正典「稲刈り鎌についての民具学的検討」『民具研究』九九　日本民具学会　一九九二年
（6）慶友社『日本の民具』全四巻　一九六四年
（7）田辺　悟「民具の定義」『伊豆相模の民具』二七〇頁　慶友社　一九七九年

7　民具研究三五年の動向と展望

(1) はじめに

最初に、日本民具学会設立にかかわる黎明期のことについてふれておきたい。日本民具学会が設立して三五年を経過した今日、まず明らかにしておかなければならないことは学会設立に至る詳細な経緯についてである。

昭和四九年一〇月二六日・二七日の二日間、当時の日本常民文化研究所の主催で第一回「民具研究講座」が東京の日本青年館で開催された。この講座を企画した主旨は、昭和四五年頃から民具にかんする認識が高まり、「民具マンスリー」の会員も昭和四七年には三〇〇名をこえたことや民具（有形民俗資料）を対象とする資料館や地域博物館の数も増え、あわせて民具をあつかう研究者の数がましたことによった。また、この年はアチック・ミューゼアムの開設五〇周年であることにあわせての記念事業としての意図もあった。

この研究講座に参加した受講者の数は全国から一五〇人以上にのぼり、「民具マンスリー」会

日本女子大学学長時代の有賀喜左衛門(右)
1977年（昭和53年７月12日）

員の約半数におよんだ。

日本常民文化研究所は、この講座の開催にあわせて、「民具マンスリー」会員に、民具学会設立に関するアンケート調査をおこない、会員の研究会や講座希望内容等についても実態調査をおこなっていた。したがって民具講座開催の折、多数の参加者により民具学会の創立が提唱されたのである。機は高まり、熟していたといえようか。

その結果、第二回の民具講座が翌昭和五〇年一一月に國學院大学久我山高校において開催された際、日本民具学会の設立が決定され、学会代表に有賀喜左衛門が選ばれた。

学会の事務局は日本常民文化研究所の中におくことになり、設立にむけて「日本民具学会通信」（第一号）が発刊され、代表幹事の有賀喜左衛門（当時の日本常民文化研究所理事長）はその紙上で、日本全国を一つの単位とする日本民具学会が成立すると、また中央集権的な学会になってしまうことをおそれなければならないとし、それは先学の柳田や澁澤の考え方に反するものであるから、それに反しないためには、中央である東京も一つの地方であるという認識を示すことで解決しようとした。

だから、各地に民具研究会（民具学会）をつくり、地方的根拠を確立し、同時にそれらが平等に連合する組織を日本民具学会として成立させることが望ましい述べた。

こうした動きをうけて組織されたのは昭和五一年五月、近畿民具学会が最もはやかったが次いで北海道東北民具学会など各地の地域民具学会も次々に誕生した。

このような経過をたどり、第一回日本民具学会大会は昭和五一年一〇月九日、慶応義塾大学で開催された。その後、会誌の「日本民具学通信」は昭和五三年九月の第一六号以後、第三回の学会総会で名称の変更が提案され、『民具研究』と会誌名が変更され第一七号に続けられた。

こうした日本民具学会の設立にむけての一連の動きの中で、民具研究講座の開設を志向して日本常民文化研究所をささえ、民具研究を全国的な視野と規模で推進し、機運を高める原動力となったのは慶友社の宮嶋秀であった。

宮嶋は、河岡武春と協力して民具研究の普及活動に力を注ぐようになった。その結果の一つとして、昭和一〇年七月から昭和一五年八月まで刊行されていた「アチックマンスリー」の復刊ともいうべき「民具マンスリー」の発刊をあげることができる。上述の如く、「民具マンスリー」会員は昭和四三年の創刊以来、五年目には三〇〇名以上に増えつづけていたのである。「アチックマンスリー」に関しては後に小川直之の分析研究がある。

「民具学の航跡」において上述したように、昭和四二年当時、日本常民文化研究所（二四頁参照）は、民具研究を推進、普及するために、三つの出版事業を計画していた。それは、昭和三三年に澁澤敬三の還暦記念として出版した『日本の民具』（角川書店刊）以来、この方面の調査や研究が停滞していることへの配慮でもあった。

その第一が上述の「民具マンスリー」の発刊であり、第二は「民具論集」の刊行、そして第三は「民具辞典」の編纂であった。

第二の「民具論集」は昭和四四年以来、昭和四七年の第四集まで、日本常民文化研究所編として刊行されたが、これらの事業も出版書肆慶友社との提携なくしては実現できなかったといってよい。ただ、残念なことに第三の「民具辞典」の編集事業は時機尚早といわざるをえなく中断し、刊行に至らなかった。

他方、祝宮静は昭和四〇年に民具図録の普及書ともいえる『日本の生活文化財』（第一法規）を出版したのをはじめ、『民俗資料入門』を、磯貝勇は『日本の民具』、宮本馨太郎による『かぶりもの・きもの・はきもの』（共に岩崎美術社）の出版というように、昭和四九年の第一回「民具研究講座」が開催されるまでに、その礎となる出版事業がアチックミューゼアム関係者によってあいついだことはみのがせない。

こうして、澁澤敬三らアチック・ミューゼアム同人による民具研究を第一期のサロン的な研究時代とすれば、民具学会設立後の民具研究は、全国的な、しかも学会という研究目的が明確な組織体としての研究活動をおこなう第二期の民具研究時代と位置づけることができよう。以上のような潮流の中にあって、最も隣接している日本民俗学会が無関心でいれるはずがなかった。日本民俗学会は、この民具研究の高まりつつあるうねりに対して、まず、昭和五〇年度の大塚民俗学会年会において「民俗学からみた物質文化」と題したシンポジウムを開催した。

このシンポジウムのテーマを設定するにあたり、書面によるアンケート調査をおこなったが、他の「都市民俗学の可能性」・「教育と民俗」・「仏教民俗をめぐる諸問題」のテーマに比較して、上掲の物質文化をテーマに選びたいとする結果が多かったことを報告している点が注目される。

その頃の日本民具学会設立にかかわる意見は、日本民俗学会の中でも二つに分かれていた。その第一は、民具研究に力点をおいた物質文化中心の学会をすぐにも設立すべきであるとする意見であった。第二は、これまでの日本民俗学会の中においても民具研究など、物質文化にかかわる調査や研究はおこなわれてきたのであるから、従前通りでも民具研究はおこなえるのであるから、特に民具学会設立の必要はないとする意見であった。

しかし、上述のような経過により日本民具学会が設立され、「日本民具学通信」（第一七号より『民具研究』と改名）が刊行されるようになると専門的な情報量も多く、日本民俗学会の会員以外の調査・研究の成果が質・量ともに急増した。その結果、最初は日本民俗学会の中でも民具研究は継続できると考えてきた民俗学徒も、民具学会の情報等を無視できなくなったのである。その結果、民具学会の会員はさらに増加した。

上述したように、書肆慶友社による刊行の「考古民俗叢書」中の宮本馨太郎著『民具入門』

（昭和四四年）と「常民文化叢書」中の『民具論集』（第一集・同年）に宮本常一が巻頭論文として掲げた「民具試論」など、両叢書は、その後の民具学会設立にむけての土台づくり、雰囲気づくりにとどまらず、総合的な意味での知的起爆剤的役割をはたしたといっても過言ではない。

またあわせて、日本民具学会設立までの昭和四〇年代はじめから昭和五〇年までには、前掲書以外にも『絵巻物による日本常民生活絵引』（全五巻・昭和四〇年～昭和四三年・澁澤敬三編著・角川書店）をはじめ、『民具』（日本の美術五八・昭和四六年・田原久編・至文堂）や、同じく『民具』（現代のエスプリ八四・昭和四九年・中村たかを編・至文堂）、『民具資料調査研究の実務』（昭和五〇年・宮本馨太郎編・柏書房）などもあり、学会設立にむけての民具研究に対する興味や関心をもりあげる役割やその背景となる雰囲気づくりをはたしたといえよう。

さらに、学会設立後においても民具関連の調査・研究をはじめ普及書も含めての刊行はもり上がりをみせた。平成年代に至るまでの主なものをみると、『全国ふるさと博物館ガイド』（原題は『全国民俗博物館総覧』・昭和五二年・観光資源保護財団編・柏書房）、『民具学の提唱』（昭和五四年・宮本常一・未来社）、『民俗文化財の手びき』（昭和五四年・文化庁民俗文化財研究会編・第一法規）、『日本の民具』（昭和五六年・中村たかを・弘文堂）、『日本の民具』（全六巻・昭和五七年～五八年・明玄書房）、『民具のみかた　心とかたち』（昭和五八年・天野武・第一法規）、『民具研究ハンドブック』・『民具調査ハンドブック』（昭和六〇年・民具学会会員約五〇名による・雄山閣）、『民具の博物誌』（平成二年・岩井宏實・河出書房新社）などがあり、岩井はその後も平成一四年にかけて、一連の『民具の世相史』、『民具の歳時記』、『民具が語る日本文化』（いずれも河出書房新社刊）、『民具学の基礎』、『民具・民俗・歴史―常民の知恵と才覚』（いずれも慶友社）を発刊し、民具の一般的普及書として大きな役割をはたしたことは学会設立後の航跡として高く評価してよい。

（2）「民具の概念」をめぐって

学会の創立期と前後して、全国的、組織的な民具研究時代にはいり、まず、興味や関心が示された課題は「民具とは何か」という民具そのものの概念規定についてであった。

この「民具の定義」については、学会設立以前から一部の民俗学徒の中より、『日本民俗学』のコラムなどで、「民具学会を設立するにあたっても、民具の定義とか、民具とは何かとかいうような基本的なことについての共通理解もなく、さらに解決しなければならない問題が多いのに民具学会など設立してもよいのか」という意見もあったことはたしかである。

「民具の定義」については、アチック・ミューゼアム時代はさておき、「民具研究講座」開催の時期を前後して関心がよせられ、それなりの成果はあった。（宮本常一「民具試論」（一）『民具論集』慶友社、昭和四四年・中村たかお「民具論への前提」『物質文化』、昭和四七年・井之口章次「民具について」『茨城県歴史館報』、昭和四九年・田辺悟「民具学の方法」『物質文化』、昭和五〇年）などである。

こうした中で宮本常一は第一回民具研究講座の初日に「民具とは」と題して講演をおこない、

『民具論集』中の「民具試論」を述べたことがひきがねとなって、「民具の概念規定」などに関する議論がこれまで以上に高まった。

その後、民具の概念については、山口賢俊が「民具の定義などについて」と題して「民具マンスリー」（七巻一〇号）に発表したものがある。山口はその中で、第一回民具研究講座における民具学方法論の宿泊時におけるミイーテイング結果から「諸兄の発言をふまえながら、民具を定義づけるためには、便宜上ある時点を設定することが必要だ」と主張され、前提として⑴常民が機械的動力を使用することがほとんどなかったとき、⑵量産による製品が多く出まわらなかったときを境目とし、⑴と⑵は概ね一致するので、右の時代の終り、すなわち第二次大戦の日本敗戦のとき、昭和二〇年代を時点とすればよいとされた。しかし、たとえ便宜的であるとはいえ、民具の概念づけにたいして時点を設定することは、戦後における全国各地の村々についてもかなりの生活文化の内容差があり、地域差もあるので、民具そのものが生きつづける背景が異なるので、画一的でなく、わりきれるものではないとする見解もだされた。

それよりもむしろ同席で大塚和義が述べたように、「概念規定をするためには、民具を現実的にどう捉えるか、民具は現在的にどういう意味をもっているか、そのことが問われないと博物館で実際に役立てる方法論にはなりえない。モノということで一括して考えていいのではないか」（「民具マンスリー」七巻八・九号・特集民具研究講座）ということに力点をおくべきだという意見が多くだされた。

こうした個人的見解による民具の定義なり概念ではなく、研究者相互の共通理解を深める必要が不可欠であることをふまえ、昭和五〇年以後、宮本馨太郎を座長とする「民具研究の会」が発足し、大塚和義・大島暁雄・胡桃沢勘司・田辺悟らにより民具の概念について等の研究会が継続的におこなわれてきた。

この会は、民具を通してその中に潜む民俗を研究することを目的としたもので、会はそのための手段であった。その結果、民具を「伝統的な素材を使い、伝統的な製作方法（手法）にのっとり、伝統的な使用に供する（使われかたをする）モノで、このうちの、いずれかを満足できるモノ」という概念規定をおこない、民具を調査・研究の対象にするからには、その研究対象の枠組みをできるだけ、広く、大きくしたほうがよいのではないかという結論に達した。(1)

昭和六〇年代にはいり、岩井宏實は「民具の概念」について、民具研究の軌跡を追いながら論をすすめ、「要するに、ブラックボックスのないものが民具であるといえる。原始古代から現代、さらに未来にいたるまで一貫してかわらぬ、人間の生活上もっとも単純な構造をもった道具ということができる」(2)とした。

この上述した詳細な内容についての論考は、後に『国立歴史民俗博物館研究報告』三集に「民具研究の軌跡と将来」と題して、充実した内容と丁寧な解説をそえて発表している。

他方、民具の概念に関しては、これまでのように、一般的に民具としか呼ばれない、一括され、統括的にあつかわれてきた民具のみかたではなく、民具をより厳密に仕分けしながら民具の

国立歴史民俗博物館起工式（1978年４月28日）
左より、河岡武春・筆者・竹田旦・田原久（宮本馨太郎撮影）

定義づけをおこなっていこうとする動きもあった。

河岡武春も民具に対する概念規定をより厳密に細目化しようとした一人で、こうした研究を進めていく方法として、「生活文化を構成する諸用具のなかから、より簡明に民俗性を表現する指標として『基本民具』の考え方を提起してみたい」とし、「お互いに地域の基本民具構造を比較しあえば、より大きな民俗文化の解明も可能になる」[3]とした。

河岡による「基本民具」の考え方は、多くの民具群中より、より基本的な民具を精選し、それらを比較することによって、一地域の民具にささえられた生活文化を明確にしていこうとするものであるが、捨象された民具については、そのあつかいにふれておらず、研究のための一方法とはいえ、その点については細分化したとはいいがたいとするむきが多い。

また河岡は、「現存民具」・「在来民具」・「新民具」などとよんでもよいものがあるとしたが、残念なことだとはいえ、本人自身はその事例を詳細に検証するに至らなかった。今後、こうした考えをもとにした実証的な事例研究を含めた発展的な展開が期待される。

当時、ウィーン大学日本文化研究所に所属しており、後にボン大学に移ったE・パウアーは、ウィーン大学のガールの民具に関する概念を「関連性のある道具」としてまとめ、それが「道具群」に相当するものとして紹介した。

それによれば、「道具群の中心は主具（主要道具）であり、その他の付属的な道具は主具に対する結びつきの強い順に三段階に分け、副具・付加具・補足具になる」というような細分化による民具の見方、考え方を発表した。(4)

この他にも「伝統民具」と「流行民具」を対比させたり、「自製民具」に対して「流通民具」の位置づけを明確にする（平成八年・第二一回大会シンポジウム・流通民具論）ほか、時間的な経過をふまえた「戦前民具」・「戦後民具」などに分ける意見もある。

こうした時間的な経過をふまえて民具の細分化をおこないながら、「現代民具論」を展開したのは筆者である。田辺は民具が誕生してから消滅まで、時代とともに繰り返されることに注目し「民具の一生図」（概念図）をもとに過去・現在・未来にわたる模式図の中で、「残滓民具」・「残存民具」・「現代民具」の三種の仕分けをおこない、時間的経過とともに、やがて残存民具の数量以上に「現代民具」が数量を増していくことや、逆に、「残滓民具」（世伝品を含む）は時間の経過とともに、数量を減らしていくことなどを論じた。(5)（九四頁参照）

この三種の仕分けのうち「残存民具」は、上述した、これまで「在来民具」と呼ばれてきた民具類（群）の範疇に入るもので、その概念規定はほぼ一致する。それは「伝統民具」にも一致するが時系列の観点が背景にあり、有用性をもふまえての仕分けである。

これまでの「在来民具」に対して「残存民具」として区別した理由は、「在来民具」という見方、考え方は時間的な経過の区分がないので、この時間軸という点を明確にすることが研究上は重要であるとした。

この他にも木下忠のための記念誌『もの・モノ・物の世界』（平成一四年・雄山閣）の中に「民具学の視点と方法」・「有形と無形の民具学」・「技術伝承と民具学」・「比較民具学への展望」などのすぐれた民具学関係の論文が集録されている。

また、民具の定義や概念規定に関連して、筆者は「民具学の構図」（「民具マンスリー」・二九巻三号）において、研究対象としての「民具」は学術用語としての造語であるのに対して、「道具」・「用具」・「器具」や「器械」・「機械」などは一般通常の語彙であるちがいから、民具の学術的なカテゴリーを提案し、あわせて「民具研究」の周辺とのかかわりを日常用語や文化財または博物館学的用語、その他の民芸・民俗品・古物・土俗器などとのかかわりを明らかにした。

このことは「日本民具学会」に対して「日本機械学会」がその両極に位置していることを構図的に明示したものでもあり、モノ・もの・物は物質文化（学）の枠組みの中でとらえられるべきものだとした。

「民具の定義」などは学際的な主題だけに学会の大会テーマやシンポジウムのテーマになりえない傾向にあるのだが、学会が存続する限りは永遠の主題として研究者の興味や関心をよぶであろうことはたしかであり、今後も継続して議論を展開する必要のあるテーマである。

（3）方法論の展開と発展

前掲の「民具試論」(1)の中で、宮本常一は「民具」にかかわる「法則性」をみちびき出すことを強調したが、具体的事例研究のともなう研究業績をあげるまでには至らなかった。その後、河岡武春も上掲の如く「民具研究の方法」と題して発表をおこなったが、方向性、可能性を示唆しながらも具体的内容には至っていない。

方法論を表面に出さないまでも「紀年銘を有する民具・唐箕について」（『日本民具学会通信』一六）を発表した小坂広志の研究、岩井宏實による「民具研究と絵馬」（『民具研究』三〇）や小川直之による絵馬研究、河野通明による「牛の農耕鞍の分布調査」（『民具研究』五七）や、その後の「四季農耕図」等の詳細な分析研究など、研究対象を限定しての系統研究的なものとして高く評価されるべきものであるが、残念ながら民具をセットでとらえつつ、地域ごとの比較研究や系統研究の方法論には至っていないといえよう。宮本常一は『民具学の提唱』の中で、従来の民俗学がおこなってきたように、「民具の研究法には重出立証法もあり、この方法は技術の系譜をさぐることができる」としたが、具体的提示はしていない。

こうした中で、民具研究の方法論と題して唯一『民具研究』紙上に発表され、会員諸氏から反響をよんだものに筆者による「民具研究の鎖状連結法」という提示がある。内容的には民具学の体裁を整えるために方法論を盛り込んだ小論（『民具研究』五三）だが、「学」としての仮説を設定し、それを実証するためにイイダコ等を捕獲する漁具を事例に掲げた。今後さらに方法論にかかわる検証を充分におこなう必要は求められるが、畠山三郎太、渡辺誠（『民具研究』五四）からの評言に対し、田辺は鎖状連結法を「存在の連鎖」ととらえ、疑問に答えている（『民具研究』五六）。学会誌のはたす一つの役割は、上述のように一つの問題や疑問等に会員諸氏が紙上はもとより大会や研究会でもとりあげ、互の意見を述べて議論をしたり、新しい資料を提示したりしつつ、問題意識を高め、軌道修正していくなりして学問的水準を高めていくことにあるといえる。その点からみると『民具研究』紙上は、こうした利用（活用）の場としての頻度が実に少くない。初期の頃に小谷方明による「ナンバングツ」（「日本民具学会通信」一二）に対して、「ナンバは南蛮ではない」という潮田鉄雄（同一二）の議論があるにすぎない。

なお、田辺は「民具研究の鎖状連結法」を補強するために、釣鉤の地域差研究を『海と民具』（後述）紙上に発表している。セーラム・ピーボデー博物館所蔵のモースが明治一〇年代に収集した釣鉤を実査し、釣鉤の地域差を一例として、筆者が提唱してきた民具研究の方法論の一つとしての「民具の鎖状連結法」を補強したものである。

以上のように『民具研究』紙上を俯瞰してみても、方法論に関する提案なり仮説の設定はもとより、展開や発展にはほとんどみるべきものがない。学問や研究の基本は学史をふまえ、つみあげによる発展が基本であり、重要であることをふまえれば、今後、この方面の論考が数多く掲載されることが待たれる。

(4)「学史」など

民具にかかわる「学史」に正面から取り組んだ研究成果はすくない。

岩井宏實による「民具研究の軌跡と将来」(国立歴史民俗博物館研究報告・三・昭和五九年)の中で、岩井は早川孝太郎の民俗・民具研究にふれ、早川孝太郎の物質文化に対する業績を高く評価するとともに、民具の定義や方法についてもふれ、自身の民具の定義として主張してきた「ブラックボックス論」を展開している。

田辺悟は「民具学の誕生とモース」(『もの・モノ・物の世界―新たな日本文化論』雄山閣)の中で「民具学の誕生」に関して、これまでの視点とは別の新しい見方を示した。具体的には、これまで宮本馨太郎や岩井宏實が「民具研究の誕生(あゆみ)」を坪井正五郎や早川孝太郎にはじまるとしたのに対して、それ以前に、坪井正五郎が若い時代に講演会等に出席して大きな影響をうけたエドワード・シルヴェスター・モースからはじまったとし、わが国における「民具学・民具研究の嚆矢はモースである」とした。すなわち、モースが「民具学誕生」の黎明期に与えた影響論を具体的に示した。岩井もその後、『民具学の基礎』の中で、モースにもふれている。

(5) 比較民具学と海外流出民具研究

近年、国際化社会・グローバリゼーションなどと呼ばれるように世界規模での比較研究や系統研究の枠組みも主題になりつつある。

佐野賢治らは比較民俗学の立場から、かなりの実績をあげているが、比較民具学となると業績はとぼしい。『民具研究』特別号（二〇〇七号）の項目の中には「アジア民具」（中国・韓国・台湾など）をはじめ、「南島民具」（沖縄・奄美など）、「北海道民具」（アイヌ・開拓民具など）があるので、本稿においては、それ以外の地域や海外に保管されている日本の民具などに関する研究成果にしぼってみていくことにする。

海外（アメリカ）に保管されている日本民具について注目した高橋克夫はメイン州漁村の民具について報告すると共に、ピーボディー博物館の民具紹介をおこなった。（「アメリカの民具」（『民具研究』二〇）。この中でモース博士と日本民具についてふれている。また、高橋はアメリカの民具研究の現状を、限られた範囲ではあるが実見したことにより、本学会の民具研究は国際的にもパイオニア的役割を果たしていけるものだとし、そのためには、ミクロ的な精密な研究ととももに、マクロ的な広い視野をもって、広く世界の志を同じくする研究者たちとの交流をはかり、国際的な民具研究の中核をなすべきであることを強調している。これは高橋の見識の高さを示す意見として高く評価できよう。

また、同号（二〇）では、「モース・コレクション」と題して神崎宣武が「日本その日その日」というテーマにておこなった特別展（ピーボディー博物館）の展示カタログをもとに、モース・コレクションの詳細な内容の紹介をした。

その後、筆者が「ピーボディー博物館の日本民具」と題して調査結果をもとに内容を紹介。「移出民具」の名のもとに、今後、周辺諸国と関連する問題を含めた比較民具学のあり方を説いた（『民具研究』四二）。

『民具研究ハンドブック』（昭和六〇年・雄山閣）においても「民具研究の新しい視点」として比較民具学についてとりあげている。角山幸洋による中国の民具、田村善次郎によるネパールにおける土器等の民具研究の成果や香月節子のネパールにおける鍛冶屋の調査研究などあるが、欧米の博物館が所蔵している日本民具コレクションの紹介も注目される。

シーボルトのコレクションが収蔵されているオランダのライデン国立民族博物館にかかわるヨーゼフ・クライナーの報告、アメリカのワシントンにあるスミソニアン研究所（国立自然史博物館・国立歴史博物館）の日本関係資料（史料）である「ペリーコレクション」やピーボディー博物館の「モースコレクション」について田辺の報告もみられる。

しかし、上述した紙面の内容はすべて紹介ていどのもので、研究業績とはいいがたい。研究としては、『共同研究モースと日本』（昭和六三年・守屋毅編・小学館）に集録されているヨウゼフ・クライナーによる「モースと小シーボルト・ヨーロッパの日本民具」をはじめ、筆者による「モース研究の民具学的視点」の論考や、同じく田辺による「モースの日本民具コレクションの意義」がある。あわせて、小西四郎・田辺悟構成による『モースの見た日本』（モース・コレクション・民具編・昭和六三年・小学館）があり、普及書としての役割をはたした。

その他、上述した地域以外の民具研究で特筆すべきものとしては、後藤明による「ポリネシアの銛と釣鉤」がある。後藤はグローバルな立場から環太平洋地域の漁具・漁撈技術の研究をまとめた。この研究は、日本の伝統的な漁撈用具・技術の座標も広く国外資料との比較研究をおこなうことによって明らかにされる可能性を示唆した論文である（『海と民具』（日本民具学会編・昭和六二年・雄山閣））。

また、朝岡康二による『南島鉄器文化の研究』（平成三年・渓水社）は、表題は「南島」となっているが、内容は沖縄や奄美にとどまらず、インドネシア・韓国におよんでおり、特にインドネシア各地（各島）における調査、研究の成果はみるべきものが多い。朝岡はこれまでにも鉄製農具の生産と修理再生に関わる習俗やそれを担う鍛冶職人の技術的な側面の調査研究をとおして、日本の伝統的な社会における職人と農耕（業）村落との民俗文化を相互関係の中で研究し、その業績も数多く発表してきた。

韓国の民具研究に関しては上述したように「アジアの民具」の項目があるが、特筆されるべきものに『済州島の民具と研究』（韓国文）がある。筆者は済州大学博物館の高光敏による。

（6）二つの民具辞典（事典）と学会編集

民具にかかわる辞典の刊行は、民具学会誕生以前から日本常民文化研究所としても望んでいた。『日本民具辞典』の編纂事業は、最初、昭和四五年一二月より日本常民文化研究所によりおこなわれていた。当時、原稿依頼までおこなった。しかし、残念なことであったがこの出版は発刊に至らなかった。

民具学会編集の『日本民具辞典』は当時、会長であった岩井宏實の尽力によって企画され、田村善次郎に引き継がれた。編集担当での朝岡康二の業績も大きい。その他、工藤員功・田辺悟が編集に加わり、会員諸氏の協力と使命感で約四、〇〇〇項目の原稿がととのい平成九年に「ぎょうせい」からの発刊となった。これまでわが国では類書のない分野の辞典の嚆矢である。

時を同じくして平成九年、関東民具研究会編による『多摩民具事典』が刊行された。

地域の民具研究を重要視し、中央という概念をとりはらって研究をすることを標傍する日本民具学会の基本理念からしても、この事典刊行の意義は大きいといえる。関東民具研究会編となっているが、実働的には編著者の小川直之・後藤廣史・佐藤広・増田昭子らによってまとめられたものである。発刊に関する経緯については「民具マンスリー」（三〇巻一〇号）において小川直之がまとめている。

内容的にみて『日本民具辞典』と比較しての特色は、無形の民間伝承や民俗文化をもとり込んで執筆していることや、南関東・東日本・日本全国という段階から地域の尺度を設定し、その中で地域（多摩）を明確に位置づけることにつとめている点である。

また、項目を自然・社会・神・地域・創造・歴史・交流・比較の八つの項目に分けて執筆の項目だてとしたこともユニークで今後、地域民具学会や研究会で、この方面の出版物等を刊行する際には参考になるであろう。ただし前掲の八項目には同一的な基準としての脈絡が欠けている点が指摘されよう。また、本事典は「読む事典」として編集したという特色ももっている。研究者以外にも広く地域の人々に読まれ、利用・活用できるように平易な文章と内容で記述されていることがそれである。

さらに、関秀志が中心になって編集中の『北海道民具事典』も刊行が待たれる。

次に、民具学会編集による刊行物についてふれておきたい。

『日本民具学会論集』は昭和六二年に刊行の『海と民具』をはじめ、『山と民具』、『信仰と民具』、『木と民具』、『竹と民具』、『衣と民具』、『食と民具』、『住生活と民具』などがある。第七集の『食と民具』などの内容については、上述の項目内で紹介されるであろうことから重複をさける。この論集発刊企画に関しても岩井宏實によるところが大きい。なお、第八集は未刊となったことは学会としても残念といわざるをえない。

（7）民具の実測・作図・写真撮影など

民具研究にとって民具の実測や作図は重要かつ基本的な作業である。「民具の作図について」は「日本民具学通信」（一四）に相沢韶男が具体的な発表をおこなったことで、次々に工夫が加えられるようになった。また、この方面での業績がある大脇直泰は「民具実測図の意義と実際」（『民具研究』三六）の中で民具実測法の確立を唱えた。

その後、『民具研究』紙上で「民具実測講座」が連載されるようになり、三枝妙子・段上達雄・小坂広志・近藤茂・田辺律子・金内重治郎・朝岡康二・角山幸洋・小島弘義・小島孝夫・近藤雅樹などが次々と独自の実測にかかわる具体例を示し、基礎的な実測方法を確立し普及させるに至った。

民具の写真撮影に関しては高橋克夫が「民具撮影の基本的な考え方」（『民具研究』六〇）を示したことで『民具研究』紙上に「写真のとり方」の講座がはじまり、写真撮影の技術はもとより、民具を撮影する際の心構えや工夫を広く指導した。

あわせて、諸岡青大は「ビデオと八ミリ映画の撮り方・作り方」（『民具研究』七一）に講座を連続しておこない、会員諸氏にこの方面の専門的な指導をおこなうなど、技術（技能）面での学会活動にも大きな動きがみられるようになったことは無形民俗文化財や技術伝承研究との関連においても意義深いもので、特筆すべきことである。

上述の「民具の実測」に関しては今後も民具研究のための基礎的技能とし重要だが、ただいたずらに微細にわたって実測（計測）したりするのではなく、「何の目的で、何を知るために実測したり作図したりするのか」の目的意識が必要となる。民具研究者が洋服や着物を実測するのと服飾研究者が実測するのでは、同じ着物を調べるにも内容がちがって当然であろう。

（8）民具誌・自治体史（誌）・まとめ

全国の博物館や歴史民俗資料館、大学や研究所、自治体等から刊行されるもののうち、近年は民俗分野や民具にかかわる出版物の数は、三〇年ほど前とは比較にならないほど増加している。また、文化庁等の教育・文化行政指導による有形民俗文化財や無形民俗文化財の緊急調査の結果や調査報告書のたぐいも多い。

都道府県市区町村など「自治体史」（誌）の中にも民俗や民具に関する紙幅が増されている傾向にあることは喜ばしい。具体例をいくつかあげるならば佐々木長生らがまとめた『只見町史』民俗編などがそれだが、鹿児島県下に於ては大学や教育委員会などによる刊行物も多く、鹿児島民具学会長の下野敏見の指導のもとに地域ごとの「民具誌」が誕生してきた。

こうした「民具誌」発刊の現状をみると、地域差が大きいことに気づく。すなわち、「民具誌」的つみあげが厚い（多い）地域もあれば、薄い（少ない）地域もあり、今後とも民具誌編纂のために調査や研究を継続していかなければならない地域もある。いずれにせよ地域ごとに努力しなければ充実した民具誌の刊行は望めない。

このように地域差はあるにせよ、民具学会設立三五周年を迎えた今日、民具にかかわる各地域の基礎的調査や民具資料の提供、保管は一応終ったとみてよく、民具研究は新しい研究の段階、時代にはいったと認識すべきところにきているとみてよいだろう。

その具体的な内容は、比較民具学であり、方法論の確立、発展であると共に、民具資料の教育普及活動による活用などである。ようするに、民具研究の主題の設定をより広く、水準の高い方向へ押し上げていく努力が求められる時代を迎えたといえよう。また、これまで収集し、保管されている民具資料の分類、整理事業の充実も急を要する。

日本民具学会が誕生して三五年。第一回の民具研究講座の講師陣一六名のうち半数が鬼籍に入られた。

同じ研究の志をもった旧会員諸氏の冥福を祈り、その業績が今後も燦然と輝きつづけることを願いたい。

注

（1）田辺　悟「民具の定義」『伊豆相模の民具』　慶友社　一九七九年

（2）岩井宏實他編『民具研究ハンドブック』　雄山閣　一九八五年

（3）河岡武春「民具研究の方法」『月間文化財』七月号　一九七二年

（4）Ｅ・パウアー「民具マンスリー」六巻九号　日本常民文化研究所　一九七六年

（5）田辺　悟「残存民具と残滓民具の迫間」―幕末に民具を見据えた三賢―『技と形と心の伝承文化』岩井宏實編　慶友社　二〇〇二年

第二部　民具学の方法

1　民具学の方法（1）―方法論を考える―

（1）はじめに

たぶん昭和四三年（一九六八年）頃のことだと思う。神奈川県の教育委員会で「東京外湾漁撈習俗調査」を計画、実施していた。

たまたまその会議のあいまに次のような話題がでたことを強く記憶している。同席していた祝宮静氏に、筆者が「民俗学というのは、どうしても歴史学の補助学のように思われがちだし、また認めないわけにはいかない現状もある。歴史学が骨格なら、民俗学は肉付け程度のことに思われることもあるが……」ときりだしたところ、祝氏は即座に、「私は民俗学が〝学〟として一つの独立したレパートリーをもっているかいまいかをそれほど重要視はしていない。ただ大切なのは、我々が過去に於ける庶民生活の歴史をどれだけ具体的に認識できるかという点をだいじにしたい」といわれた。そう伺って、「なるほど」と思い、そうにちがいないと思った時、あまりにも〝学〟というものにこだわりすぎていた筆者はきまりが悪いような気持さえした。

それからというもの、〝学〟というものにあまりとらわれずに民衆生活の歴史や、我が国をはじめとする海村の伝統的な文化の古層や伝播の足どりを探ってきたのであるが、最近に至り、いちど懲りたはずの〝学〟なるものを再び振りかざすのは、逆の意味での反省もあるためである。

この小論の主題とした〝民具学〟なる言葉は、最近になって民具研究者のあいだで使われだしているが、筆者はここで新しいジャンルを開拓しようなどということでなく、これまで日本の民俗学が、どちらかといえば精神文化を内容とする面で進歩、発展してきた反面、民具研究に代表される物質文化の研究はたちおくれがはなはだしく、今や車輪は一方側があまりにも大きくなりすぎた感を持つから、この方面の研究をもう少し充実させなければならないと思うためである。

ところで、もともと二輪車であるべきものが一輪車同然になってしまったのは、物質文化を研究していく態度なり方法なりが確立していない点にあるとみられる。もとより研究であるから、特別に定められた研究法がある訳ではないにしても、誰でもが研究できる方法論があってもよいのではないか。

（2）民俗学の方法と民具学

これまでの民俗学の中にはいわゆる〝柳田民俗学〟とか〝折口民俗学〟といわれる研究方法がある。また、これらの研究が主として精神文化の面を対象としたのに対して、澁澤敬三は物質文化の面から民俗をみていくことを主眼としたため、〝澁澤民俗学〟といわれる研究方法もあり、業績もある。

同じ民俗学の中で、どうして個人的に研究方法がちがうのかという疑問もあり、隣接諸科学の研究者からは、そんなことをいっているから「日本民俗学」はいつになっても進歩がなく、したがって国立民俗博物館などを設立するにしても、精神文化に力をいれてきている研究者が〝モノ〟についての研究実績もないのに〝モノ〟をあつかう博物館に日本民俗学会として発言力をもとうとしても無理があるのだという厳しい批判もある。

それでは上述した諸先学の民俗学研究法はどこがちがうかといえば、柳田國男自身が『折口信夫全集』月報第二九号に「折口君の学問」と題して述べられているように、「同じこの国の古いことを知ろうとめざして居ても、僕は今現にあるものの中から、それを手掛りにして手のとどく所までを十分知り、その上で古い方へも出て行こうとしたのだが、折口君は幸か不幸か、古い方から下りて来るような形をとった」のである。

さらに両先学の学問は、井之口章次が『民俗学の方法』(1)で述べておられるように、

折口はもともと古代に対する関心が強く、知識も豊富であったから、まず古代の姿を描き出し、それの推移変遷した形を求める。元はこうだったのだから、現在でもこういうものがあるはずだ。何県何村のこの習俗は、こういう古代的なものの名残りなのだということを、的確におさえてしまう。つまり演繹法である。

これに対して柳田のほうは帰納法で、現在資料を帰納して結論を出そうとする。その点は

たしかに違っている。

と特色づけることができるであろう。

この両者の発想や研究法は、これまでの「考古学」と「民具研究」との対比に共通している。即ち、考古学は遺物、遺跡を手がかりとして文献にあらわれてこない以前の歴史なり文化なりを再現しつつ認識していこうとする努力を今日までつづけてきた。他方、民具研究は、現在使用されている民具、あるいは使用されていたことが確認できる旧廃民具や世伝品を手がかりとして、過去における庶民生活の歴史や文化の復元、あるいは我が国における伝統的文化の源流や伝播の足どりを時代をさかのぼって見ていこうとする努力をつづけてきたといえる。

考古学にあっても、最近は先史時代ばかりでなく、歴史時代における遺跡、遺物の研究に進み、「歴史考古学」の分野すらもうけられている現状は、まさに考古学が、以前のように先史時代の遺物を編年史的につくろいながら歴史時代前の生活や文化を復元しようとした頃から発展して、逆に歴史時代にむかって古い時代から新しい時代へくだり、歴史時代における生活や文化をも積極的かつ具体的に肉付けしていこうとする努力がはらわれてきているといえよう。このことは、民俗学における折口民俗学に似ており、さきに述べた民具研究は柳田民俗学的方法によるものであるともいえる。この両者の異なる点は論証の手段や発想、または研究史的な発達段階の相違であって、

〝物〟を手がかりとして生活復元をおこないつつ歴史をみていこうとする目的や、文化を考え

る手だてはまったく同一であり、単に手段や方法によるちがいにすぎないとみてよい。

したがって、これからは考古学的方法や民俗学的方法（特にここでは物質文化を研究する民具研究）ではなくして、「民具学」なるものの誕生により、この種の考古学は、民具学における一つの手段であり、方法にすぎなくなるとみられる。もちろん、考古学の全分野にわたっての考えが成立する訳ではなく、考古学の中には生活遺物（文化遺物）だけでなく、貝塚中より自然遺物を発掘して当時の人々の食生活を調査・研究する分野もあり、埋葬方法や祭祀遺跡の発掘により祭祀の方法そのものを対象に研究し、これにより人々の死生観や信仰を探るとか、住居址の復元をするとかの分野もあろう。「この種の考古学」と記述したのはそのためである。

だが、すくなくとも文化遺物に関するかぎりの範囲または内容においては、これまでのように民俗学における物質文化の研究が隣接科学としての考古学の協力によって研究を進めるのではなく、新しい「民具学」というジャンルに於ての物質文化の研究にとってかわることは不都合なことではないであろう。

この場合、名称として民具学という言葉におきかえはしたが、「物質文化学」[2]といっても別にさしつかえるところはない。しかし、ここでは一応、これまでの業績をふまえ、民俗学の中における物質文化（特にモノにモノを云わせる民具研究）をこの学の基盤にしているため、「民具学」としておきたい。

これまでの考古学は遺物だけが研究の大きな手がかりであったが、民俗学における民俗資料の研究は、実物である民具のほかに「聞取り調査」という大きな武器をもっている。

発掘された遺物はなにも語ってはくれないから、どのように使用したものかは、これまでの歴史資料に照合するか、考古学者の知恵で考えるだけがせいぜいであった。が、現存する民具からはじめて、過去にさかのぼっていく方法をとる「民具学」においては、民具を実際に製作し、また使用してきた人々から直接に製作方法なり使用法なりを聞くことができるのであるから、より具体的に〝モノ〟に対する理解を深めることが可能であるし、この聞取り調査は、物質文化を研究するためのより大きな力となりうる。

このように考古学が先史時代をあつかうという前提にこだわらず、物にモノをいわせるということであれば、考古学のジャンルの一部と民俗学で物にモノをいわせるジャンルの一部はかさなりあいをもち、提携できる範疇であり、その重複する研究部分なり範囲が「民具学」のジャンルであり守備範囲なのであるといえよう。

そして、このようなジャンルの設定によって、長岡博男が『物質文化』[3]四号（一九六四年九月）に発表された「民具にみる考古性」というテーマでの、能奥式尖底土器とイブリガン（燻り燗）とのかかわりあいをあつかった視点などは、テーマ設定そのものから新しい観点をもつことができるようになるのではなかろうか。

あわせて、神野善治によると、静岡県の伊場遺跡出土の遺物の中に「有樋十字形木製品[4]」があり、これはその形態的な特徴からあきらかに、四つ手網の部分であると推定されるとしており、考古遺物の中に、四つ手網をみつけだしている（拙著『網』ものと人間の文化史・法大出版局参照）。

（3）民具の定義について

次に出発点にもどり、民具とはなんであるかをあらためて考えてみたい。それにはまず第一に、これまで諸先学によって考えられてきた民具の定義について俯瞰する必要がある。

昭和一一年、澁澤敬三を中心としたアチック・ミューゼアムの同人達の話しあいの結果、『民具蒐集調査要目』ができあがり、非売品として刊行された時、民具は「我々の同胞が日常生活の必要から技術的に作り出した身邊卑近の道具」を「私共が民具と呼んでゐる」とした。

以後、民具研究者は、民具の概念規定を『民具蒐集調査要目』をよりどころとして研究を推進してきたことはたしかである。（二一五頁参照）

その後、昭和四四年に『民具論集』(1)が日本常民文化研究所編として慶友社より刊行され、その中で宮本常一は「民具試論」のを発表し、次のように民具の性格を考えられた。

一、民具は機械でつくられたものではない。
二、民具は基層社会の人びとの使用を目的としてつくられた道具類である。
三、民具はそれをつくる人が素人であるか、または半玄人である。半玄人というのは農業や林業や漁業のような仕事をもっているかたわら、特別の技術をもっている人である。

しかし専門の職人のつくったものの中にも民具があるが、その場合は、それが民衆の使用を目的としたものである。

四、民具は手づくりによるものであるが、それには手足の延長としての道具も使用せられる。

五、民具は一次加工を主としたもので、複合加工を含む場合は、仕あげをするものが素人または半玄人であるもの。

また、民具について宮本は以上の性格に補足し、たとえば手桶は民具であるが、バケツは民具ではなくなる。行灯は民具であるが、ランプは民具ではない。陶器の茶碗は民具であるが量産せられた磁器の茶碗は民具ではないということになる。つまり民具は製作過程の中に民衆の意志が反映していなければならない。それから民具と施設とは区別されなければならない。民具は動かせるもの、持ち運べるものであり、施設は定置せられたもの、家や井戸やイロリはすべて施設であるが、自在鉤やツルべは民具ということになる。

以上の点について、宮本は決して民具の定義という言葉で表現されているわけではない。しかし、「民具の性格」という言葉の中には「民具の概念」と共通していると思われる点があることは昭和四九年一〇月二六、二七日の両日、日本青年館を会場としておこなわれた「第一回民具研究講座」における「民具とは」の講演内容からも窺えるところである。

その後、民具の概念づけについては、研究者諸賢による意見や主張もあるが、これについては後述する「民具の定義」（二〇五頁以下を参照）で詳細に述べたい。

民具を定義づけたとき、〝モノそのもの〟の中には、これまで一般的に使用されてきた道具・用具のたぐいも含まれていると考えてよく、〝モノそのもの〟について、「手づくりである」「手づくりでない」の議論を直接おこなう必要がなくなるわけである。すなわち、民具の定義は時代を区切って特定の「時点」を設定してからおこなうようなものではなく、〝モノ〟そのもののすべてであり、モノのもつ内容（履歴）によって規定されるべきはずである。それは伝統生活を営むために使ったモノであり、使われることを前提としてつくられたモノであるから、現在においてもある種の民具はつくられ、使われているし、将来的にもある種の民具は存在するのである。ただ、ここで注意しなければならぬ点は、民具と民俗資料との区分である。

民俗資料については、文化財保護法で定義されているごとく「衣食住、生業、信仰、年中行事等に関する風俗慣習及びこれに用いられる衣服、器具、家屋その他の物件でわが国民の生活の推移の理解のために欠くことのできないもの」であるから、当然のことながら民具を包含したところのより広い概念規定がなされている。

すなわち、民俗資料の中には動力によって機械を使い、その結果つくりだされたところの量産された道具・用具のたぐいである物件（モノ）も含まれる。端的にいえば、現在各家庭で使用している電気製品その他の器具もすべて貴重な民俗資料であることにはちがいない。ただ現段階としては、機械製品であるそれらの民俗資料を収集・保管する以前に、それより、さらに古くからの伝統生活の中で使用されてきた民俗資料（民具類）が消滅寸前にあるため、それらの湮滅を防ぐことが急務であるということにすぎないのである。

民具を分類するためには、以上の如く、まず民具がいかようなものであるのか、それを明確にしたうえで考えるべきではなかろうか。

いま一つ民具学を考えていくために無視できない点は、民具をとりまき、民具と不可分な関連にある施設・設備やそれに準ずるものをどうあつかうかということである。例えば、『民俗資料調査収集の手びき』（文化庁）の中にみられる(1)の屋敷どり（そのうちの垣、塀、井戸、流し、石垣等）や(2)住居（そのうちの建具、造作である大戸、板戸、障子、戸だな、神だな等）、いろり、かまど等がそれである。なお、住居そのものや付属建物である釜屋、風呂場、便所、納屋、倉庫、厩舎《きゅうしゃ》等をどうあつかうべきかも考えなければならないであろう。

これらの諸点については、上述の如く宮本の見解はあるが、民具研究者のあいだにおいては、民具と施設・設備等について必ずしも統一された見解があるとは思われない。

漁船（木造小型漁船）などについて考えてみることはよい例で、地方によって若干の時代差はあろうが、我が国では明治三八年以後になって動力船がしだいに普及されはじめ、相模湾沿岸の漁村では大正初期より昭和五年頃までにかなり漁船の動力化が進んだ。しかし、その後においても無動力船もかなり使用されていて、これらの漁船は伝統的な形態をよくとどめ、櫓や帆によって漁業生産活動を営むための最も重要な生産手段であった。

したがってこのような和船は海とかかわりのある村の生活を理解するためには欠くことのでき

ない民俗資料であり、それは民具であると考えてよいのであるが、たまたま船の中には川船、田舟のように生産手段に使用することを主目的とせず、交通・運搬の手段として使用されるという事例もあるために、民具と区別されたり、それを建造する船大工が専門的な職人であるという理由で民具と区別されることもこれまでにはあって、統一的な見解がもたれなかったことは事実である。

(4) 民具の細目化

民具を単に「民具」として概念規定するのではなく、さらに民具に対する概念規定をより厳密に細目化していこうとする考えもこれまでにはあった。それは「在来民具」とか「新民具」とかで捉えようとする試みであった。その内容は「民具研究三五年の動向と展望」(一〇五頁参照)で上述した通りである。

これから先、民具を学として研究対象とするためには、これらの細目化された民具に対する概念規定をもふまえて分類をおこなっていかなければなるまい。

これまでの民具についての分類は博物館、資料館、あるいは各地の教育委員会等で実物資料を収集し、それを整理するためのいわば便宜的な分類であったとみることができる。しかし、中には研究を推進していくために大きな役割をはたすような分類も試みられてきた。

もちろんこれまでの民具研究は、考古学研究の発掘でおこなってきたのと同様に、調査した後の資料は収集することが多く、またそれが望まれるところであり、収集した民具をして文化を語らしめていこうとする過程の中に仕分けという作業が必要になってきた訳である。したがって分類というのは、調査、研究、活用、保管をおこなっていくための便宜的な手段であって目的でないのであるから、完全でしかも普遍的、共通的なものが望まれながらも、現実には目的に応じて活用できるだけの用にたりればよいとせざるをえない。

民具の量は絶対的なものでなく、それを使う人が民具とのかかわりを強くもてばもつほど種類も増え、それを製作（加工）する技術も使用する人とは直接、間接であるなしにかかわらず向上するものであるから、民具分類もそれに対応して新しいものがつくられてもかまわない。

これまでの民具分類には文化庁によってまとめられた『民俗資料調査収集の手びき』にあるものや、宮本常一による応用分類、あるいは機能分類とよばれるもの（『民具論集』(1)、さらに東京都下の羽村町において町史編纂の際に民具チームがおこなった分類や、潮田鉄雄が日本常民文化研究所の「民具研究会」で試案として出されたなどのいくつかが数えられる。しかし、これまでの民具分類は、民俗学的サイドの分類にすぎず、今後、発掘資料を含めての「民具学」にあっては、クロノロジー（chronology・年代順配列・編年）をも要素として含めたところの分類も考えられなければならず、また必要になるであろう。

（5）セットで比較する

民具の研究には国内（単一民族）だけを対象とする分野もあれば他国あるいは他民族との関連において比較研究をおこなっていく方法もある。それはあたかも民俗学と民族学とのちがいと同じであるが、ここでいう民具学は、単一民族とはいいがたいにしても、一応我が国の中における研究という範囲にとどめておかざるをえない。

民具を系統的にみると、まず自然があり、人間がいて、道具（民具）がつくられ、生活が営まれて、そこに一つの生活文化が成立するということになろう。

しかし「民具学」は、このような体系の中でつくられた民具そのものを研究するということを目標にしているのではない。民具学は比較を基本とし、主軸にすえての学問であり研究なのである。それ故に、普遍性、共通性はなにか、特殊性はなんであるかをみいだしながら、物質文化にささえられ、つちかわれてきたところの人間生活の足どりをみきわめ、生活文化の法則性をつかみだそうとする中に研究方法をみいださなければならない。しかし比較できない個々の民具もありうることにも注視すべきである。（「普通民具と特殊（個独）民具『民具研究』拙稿一四六号参照）

したがって地域研究の域を脱しないかぎりにおいては、素材すなわち「民具誌」にすぎない。「民具の定義」（二〇五頁参照）で後述するように、民具学の前提は、一地域の総合研究とその比較にある。系統研究（特定研究）だけでは民俗学における民具研究の域にとどまり、民具学にはならないといえよう。

民具学は〝モノ〟をとおして人間と自然（風土）とのかかわりあいを明らかにし、これまで営まれてきた暮らし（生活）の中に、その所産である歴史と文化をみさだめていくことにある。したがって、大きな地域（単位）でも小さい地域（単位）でも「比較」することにはじまり、「比較」することに終るといってよい。例えば家と家、村と村、というような単位での比較から、大きくは特定の地域を区切っての比較とか、地方ごと、あるいは国（民族）との比較にまで発展することも可能である。いいかえれば、民具学は特定の民具の個々の系統研究による比較を目標にするのではなく、地域全体の民具群としてのセットでの比較であり構造的な比較でなければならないし、それを目指すのは一方法といえる。

さきに、民具学は地域研究の域を脱しないかぎり、民具誌にすぎないといったのは、民具学が民具研究から出発し、さらに発展して論理的な構成をもった実証学の一分野を志向していくべきだからである。

これに対して民具誌または民具譜は実態調査にもとづいた資料の裏付け作業であり、素材、事例であって、民具学を発展させていくための材料になりうるものであるから、この区別を明確にしておくことも大切であろう。

日本常民文化研究所編集による『民具論集』は民具学発展のために新しい方法論を提供するところの、すぐれた民具誌であるとみることができるし、各地でこれまで実施されてきた民俗資料調査の報告書あるいは民具調査の結果の中にも、全体的にといえないまでも、各章・節に限ってこの種の業績を散見することができる。

逆に比較できない民具の調査結果は、民具学になりえない民具研究の素材提供にとどまってしまうことにもなりかねないので、今後は、この分野の研究方法も検討する必要がある。

（6）研究の評価を

民具を「学」として研究していくにあたり、研究成果の評価をどうおこなうかについても考えてみなければならない。

民具研究の場合、勝れた成果であるかどうかを評価することは特にむずかしいといえよう。というのも、研究対象としてあつかう民具によって、方法論的に、あるいは展開をより大きく繰り広げられるものもあるし、種類とか分布を示すだけにとどまり、それ以上は論を展開できない素材提供的な研究対象もあるからである。

例えばアマが使用する磯金のように、古い時代から使われてきた民具で、しかも今日でも継続して使用されているものについてみよう。このような民具は形態も単純で、以前とかわらない型や材質のものが多いため、時代的にみて民具の変遷や推移をその中から引きだすことは不可能に近く、むりも多い。したがって、この種の民具に関しての研究は分布と種類が明確になったということの研究結果にとどまり、それで満足せざるをえないことにもなりかねない。すなわち、磯金についていえば、このような伝統的民具からは素材の変遷や、民具の編年を組むということはできない訳である。

では、逆に編年を組めるものはなにか。それは発達段階の明確なもの、いいかえれば変遷推移のはっきりした（素材・形態・名称など）変化のある民具—変遷する民具—についてみることができるということになるであろう。

むろん、流行するためには、しかるべき理由もあり、流行する「しかた」もあろう。が、流行する民具を研究すれば編年が組めるから、民具を〝学〟として研究する場合に、それが方法論として勝れており、「伝統民具」について研究すれば編年を組むことができず、したがって研究結果もいきおい素材提供の段階にとどまりがちなので、〝学〟として民具を研究するという立場からすれば方法論的に劣っているとみる評価は正当であるとはいえないであろう。

たとえ、伝統的な民具を研究して分布や種類を明らかにする段階での研究成果であっても、民具を〝学〟として研究することは、民具それ自身の〝モノ〟の研究が目的ではなく、究極的には〝モノ〟をとおしてそれを使ってきた日本民族個有の文化やその流れ、周辺民族とのかかわりあいや、文化のかさなりあい、変容などをみさだめていくための手だてであると考えるべきであり、そのための素材的研究であると位置づけるべきではなかろうか。とすれば、そのような目標にてらしあわせての研究結果に対する評価ができることになろう。

（7）民具の要素を考える

これまでにおける民具研究は生活文化を解明しようとするところに力点がおかれてきた。それ故に衣食住に関する〝モノ〟を中心に民俗性を考えてきたともいえる。

ところが、上述の如く民具（モノ）の量は絶対的ではなく、民具はそれを使う人の仕事が専業化されるほど種類と製作（加工）技術の向上を生み、逆に、使う人が専業的な仕事に従事することなく、副業的立場にあっては種類も少なく、使用される民具も簡単なもので代用されたり併用（兼用）されることが多いという法則性がある。このように民具の量は相対的なものであるから、専門度を考えたばあいには公式化された認識をもつことも可能であるといえる。

しかしここで注意すべきは、専門化されることと、分化あるいは分業化されていくこととは質的に異なった内容であることを理解していなければならないであろう。

このような民具の法則性を前提として民具研究をおこなうためには、内容における要素わけをおこなうことも必要になる。

これまで諸先学によって民具は六つの要素にわけられてきた。すなわち、⑴形態、⑵機能・用途、⑶素材、⑷入手方法、⑸製作時期（方法）、⑹名称、の「六要素」がそれである。

このような民具における要素わけは、研究をおこなっていくための手だてとして重要である。そしてこのような要素わけは、さらに詳細な諸要素に分けることも可能であるといえよう。しかし、このような要素分類は、「調べるため」に有効であっても、民具を「学」として研究していくためには必ずしも重要かつ有効であると思われない。というのも、民具の概念を規定していくために必要な要素は、形態でも材質でもなく、民具そのものがどのような目的のもとに製作され、用にたりたかという「つくられる過程」（生まれかた）を重要視しなければならないからである。それは機能・用途とはまた別であるといえよう。

また、民具の要素を考える場合、澁澤敬三が指摘されたごとく、我が国における民具の一つの特色は、民具に色彩をほどこさないこと、逆にいえば材質のもつ素地の美しさをそのままとりいれたところにある。たしかに我が国における民具の特色は澁澤が指摘された点にあるといえよう。この点については周辺民族の民具との差が大きい。

我が国においては民具における色彩の問題は、考古学でこれまであつかってきたところの「丹」や「朱」の範囲にとどまったり、民俗学における「染色」の問題程度にすぎないといっても過言ではないが、ひとたび周辺民族に眼をむけた場合、民具における色彩の問題を要素としてとりいれなければならないこともある。

ミクロネシアに於ては戦闘用カヌーの建造にあたり、船を彩色する原料として赤色土を使用することがある。この朱色の土をめぐって部族の間で戦闘がくりひろげられたという事例さえあげることができ、そのような史実は単にカヌーを彩色するということにとどまらず、それ（色）が生活全般にあたえる影響は非常に大きなものであるといえる。

　このようにみたとき、民具の要素をいろいろに分けることは別にしても、その基本的要素に「色彩」をいれないという見方は日本的な、あるいは日本人的な民具の要素分析であるといえよう。そしてこのような要素分けをしているかぎりに於ては、周辺民族との民具の比較研究にもやがては限界がでてくるといえるのではないかと思われる。とすれば、やはり民具を「学」として今後研究していくにあたり、国内だけをあつかう「日本民具学」として民具を考えていくのかという点も重要視されなければならないであろう。

(8) 存在の連鎖

　今後、民具学としての研究が単なる机上の空論におわることなく実績をともなうものにしていくためにはまず第一に、研究の基盤となるべき方法論について考えなければならない。その方法はいくつもの道筋があろう。したがって、定められた方法によって研究を進めれば、定められた結果がでてくるというような公式をいくつかつくる必要もあろう。そして第二に、これまでのような、なりゆきまかせの研究を整理し、成果として認められるべきかどうかの評価をしながら実績を資料化していくことも急務であるといえる。

　他方、民具学の研究の中で概念的資料の集積をおこなっていく場合に必要なことは、縦軸としての時間的な座標と、横軸としてとらえることのできる地域的な広がりとの相関を明確にしていくことである。

例えば、民具をつくることを調べることと、民具を使うことを調べるのとでは同じ民具でも異なるのと同じように、「つくりかた」と「つかいかた」とは不可分な関係にあるものの、ほりさげる面を明確に分けていかなければ、客観的な資料化をほどこしていくことは不可能であろう。しかし基本線にもどして考えれば、民具学は「人間が（ヒト）のつくった物」について調べることであり、「使った物」について調べるのであるから、その結果が「生活文化」という、抽象化された言葉（概念あるいはカテゴリー）として使われたとしても、事実の集積である以上は、想像ではなく実証されたものでなければなるまい。

横軸を地域文化の広がりとしてみれば、文化内容のかさなりあいを調べることができる。例えば下北半島の民具を調べると、下北の地域は「ヒバ文化」のはなやかな地とみえるのであるが、このような見方は非常に局地的な見方であって誤解をまねきやすい。たしかに下北に於て、生活の中で「ヒバ」とかかわりあいのある生活があれば「ヒバ文化」と云いたいのであるが、逆に下北半島には竹材が少ないという点に注目すれば、下北半島は「竹文化」の終焉の地という見方もなりたつであろう。それは、竹材の比較的豊富な九州地方より、近畿、関東、東北と広く全体を俯瞰し、比較文化を語るという見方のちがいであり、民具学研究の地域的変化をおさえようとする意図があって可能なとらえ方であるといえよう。このような横軸の広がりは、かさなりあいということでもある。

一つの民具のもつ要素を調べる一方、横軸での広がりを地域を広げてみていけば、それぞれの地域におけるちがいをみつけだすことができるし、ちがいの範囲もわかる。そして、ちがいの原因を探ることもできよう。

上述の如く、横軸での広がり、かさなりあい、つながりを関連づけていくための方法はあたかも鎖の輪のごとき文化内容が次から次へ地域ごとに広がっていくという意味において「鎖状連結」という概念でとらえることができるし、このような方法で民具学を研究することを「鎖状連結法」と呼ぶことができるのではないだろうか。

文化の連鎖を考えると、特定の文化内容をもった地域が文化圏を形成し、他の文化内容をもった地域が、もう一つ別の文化圏をつくる。しかし、となりあうそれら二つは別のものではなく、内容的にはある部分においてかならず重複する部分（地域）ができる。が、そのかさなりあう地域は独特（独自）の文化内容を形成するということはないので、第三の文化圏とはならない。このように文化圏は鎖状に連鎖の形式をとりながら実在してきたとみることができるであろう。

ごく大ざっぱに日本及び日本周囲の民族をみた場合、韓国には韓国固有の文化内容（要素）があり、南島にも、ミクロネシアにも、アイヌと一言でいわれてきた人々の中にも、そして日本にも固有の文化内容があり、それらの文化内容が基本的に重なりあう部分も特に民具（物質文化）の中にはある。したがって構造的は調査や研究が求められる。

このように文化圏といわれるような輪の中で固有の文化内容と共通の文化内容を仕分けるためには、両者の文化が復合されたかたちで実在するかさなりあいの地域における文化内容（要素）

の研究も必要になる。

以上の如く文化複合（文化連鎖）の鎖状連結法によって民具学の研究を進めていくことは、民具誌学としての成果を期待するためにも有効である。

縦軸に時間的な座標を求めるということは、つながりを調べ、古さを調べたり、その順番を調べることでもあるから、その方法は上述したクロノロジーによる仕分けをおこなうことによって解決されるであろう。

ただ、これまでの民俗学をはじめとする物質文化（とりわけ民俗資料）の研究においては、あまりにも自然史との関係やその成果とかかわりあいを深くもつことなく今日に至ったことを反省しなければならないと思う。

このような反省の渦中における救いは、澁澤敬三によって主宰されたアチック・ミューゼアムの業績に求めることができる。

小島瓔禮がいうように「アチックが、研究の主力をそそいできた生活技術史という部門は、それ自体が、精神文化と自然科学との接点をなしている。生活技術は習俗という形で考えられているが、技術は、自然科学的に規定されている。これは大きく見れば、習俗の中に、自然科学的水準の構造が内在していることになる。自然科学的事実があり、その認識と適応として技術があって、生活を支えているのである。アチックの学問は、民俗学に自然科学的な基盤を築こうとする、偉大な野心に満ちていたと思う。」ということに集約される。そしてその具体的な成果の一部は岩倉市郎がまとめた『喜界島漁業民俗』（昭和一六年・一九四一年）などにみることができる。岩倉はこの調査資料の中に、漁獲対象となる魚種についての聞書きはもとより、その種を明確にするために写真をそえるような努力をおこたらなかった。

今後、民具研究が学として成り立っていくためには、自然史的背景だけではなくマテリアルそのものに関する専門的な知識が要求されるであろう。例えば、柳田國男の『海上の道』における「宝貝のこと」一つをとってみても、宝貝の種類は日本産のものだけで約七五種はあるといわれているが、柳田は沖縄を訪れた際に、故尚順男爵の収集した宝貝の何百というコレクションを見ながらも、その種類の中で通貨として広く使用されているキイロダカラガイ（この種はアフリカ、インド、中国、太平洋諸島にわたって使用され、最近でもニューギニアの一部では通貨として使用されていたといわれる）などのことに限定しての記載をされなかった。

また、柳田は同書中において、「是は考古学の領分になるが、此風習の流伝には地域により、可なり著しい年代のずれがあって、甲から乙丙へと移り進んだ形跡が、ほゞ立証し得られるのではないかと思ふ。もしも私たちの仮定する如く、多量の上世遺物を出現した、いはゆる中原の古代文化地帯が、其発源地の最も重要なるものであったときまるならば、たとへ海上の跡はすでに湮滅したにしても、なほこの無数の美しい宝貝の品種を産出する南方の島々の交通を、一応は是と結びつけて考へて見なければならぬ」と述べられている。

たしかに、柳田の生きた時代においては、考古学や民俗学が自然史とのかかわりあいについて現代ほど積極的に考えていなかったことは事実であるから、柳田が述べられた範囲において認識されてもむりはないであろう。

しかし今日、民具学のようなジャンルの研究がさかんになってきつつある以上は、前掲の考古学的領分といわれる点を含めて新しい研究の視座を志向していかなければならないであろう。

(9) まとめ

以上、民具研究に関するこれまでの問題点を明確にしつつ、今後の展望を垣間見ながら〝学〟としての方法にふれてみた。しかし、なんといっても一つの学問を育てあげ、確立していくための可能性は、研究材料の豊富さにある。その点で我が国はまだまだ恵まれているし、今のうちならば豊富な材料を充分に活用して新しい「民具学」を確立していけるのではないかと思う。

また民具学の成立にあたっては、より豊富な民具誌学的資料と民具学の方法論とが共存しなければならないことはいうまでもない。

民具学における研究方法の第一は、「モノ」としての実物資料が研究の対象になることで、即物的であり、実際に「モノ」に即して考察を深めることができることをはじめ、第二に、文献資（史）料（非文字資料・絵画等）を駆使することができること、そして第三に、「モノ」を実際につくり、使った経験者からの聞書きによる民具調査ができる点など、三位一体的な総合研究が可能である。それ故、最も実証性のある研究成果が得られる点が評価されてよい。

なお、祖父江孝男、大給近達、中村俊亀智、大塚和義らによって、「物質文化研究の方法をめぐって」が『国立民族学博物館研究報告』三巻二号に発表されている。参照されたい。

注

（1）井之口章次『民俗学の方法』民俗民芸双書（51）岩崎美術社　一九七〇年

（2）拙稿「民具学の構図」（一八四頁参照）

（3）長岡博男「能奥式尖底土器とイブリガン」『物質文化』四号　物質文化研究会　立教大学　一九六四年

（4）神野善治「四ツ手網考・伊場遺跡出土の十字形木製品をめぐって」『物質文化』第四一号　立教大学　一九八三年

2　民具学の方法　(2)　―鎖状連結法―

(1)　はじめに

これまでの民具にかかわる研究は、大きく二つに分けることができるであろう。

その第一は、各地方、または一地域における民具の存在（残存）・実態を明らかにしながら、民具の保有状況や素材の入手法、製作過程、使用法、あるいは形態分類、機能などを主軸にまとめたものである。それは「悉皆調査」または「民具誌」的なものの中にも含まれている。

第二は、前者の成果を素材として取り込み、それらを発展させ、「民具学」としての体裁を整えるために方法論を盛り込み、あるいはみちびきだす努力や志向のきざしのみえる内容のものがそれにあたる。

このようにみたとき、物質文化研究といわれる内容で包含されるものや、これまで刊行され、研究者のための共有財産となっている民具研究の成果、さらに各地で調査された県史・市史・町村史等、自治体史（誌）の民俗編や、民俗資料調査報告書などは、いずれも前者に含まれるもの

表1　イイダコの捕獲地と貝の種類

番号	使用地	貝の種類
1	秋田県能代市	ウバガイ（ホッキガイ）
2	秋田県男鹿市船川	ウバガイ
3	羽前地方	アワビ
4	山形帰酒田市今泉	ハマグリ
5	新潟県三島郡出雲崎町	ホッキガイ
6	鳥取市賀露	二枚貝
7	岡山県倉敷市下津井	アカニシ
8	福岡県柳川市矢留	テングニシ・クマサルボウ
9	佐賀県藤津郡太良町竹崎	サルボウ・ニシ
10	熊本県天草郡	ニシ
11	石川県金沢市千里浜	アカニシ
12	千葉県（東京内湾）	アカニシ

注　番号3は『日本水産捕採誌』による。このアワビについては使用方法が二枚貝と同様に合わせて用いるので二枚貝と同様に扱った。番号11は渡辺誠氏のご教示による。番号12は木下忠氏のご教示による。

『千葉県漁業図解』には「蛸釣瓶」（タコツルベ）とみえる。

図1　本邦の貝製イイダコ取り漁具分布

であり、後者に含まれるものは数えるほどしかない。

しかし、民具研究が、その方法論を駆使しながら、今後、発展していくためには、後者にかかわる研究の成果を大いに期待しなければならないことはいうまでもなかろう。

これまで、民具研究の成果が前者に集中した理由として、「民具学」そのものが学問的市民権をもつに至った、これまでの経緯をみのがすことはできないし、今後ともに「学」として歩むための基礎的な下敷きとして、ぜひおこなっていかなければならない重要な仕事であるにはちがいないが、研究者の多くが地域研究に興味をいだくことが多く、系統的で個別的な研究志向に欠けた点があることも指摘できよう。また、「学」としての仮説を設定し、それを実証するための方法論にかかわる検証が充分におこなわれていないことにもある。

したがって、本稿では、これまでの前者にかかわる研究成果をふまえながら、「貝製民具」を例にとって、民具研究の一つの方法を具体的に展開し、紙幅の許す限りで方法論を以下に、紹介してみたい。

(2) 連鎖の一事例として

民具の製作にかかわる材料は、身辺卑近の自然的素材を活用しており、それ故、民具と地域性および風土との関係はたびたび指摘されてきた。

本稿では、上述したように特定の「貝」の種類という比較的限定された地域でしか採取できな

1.

2.

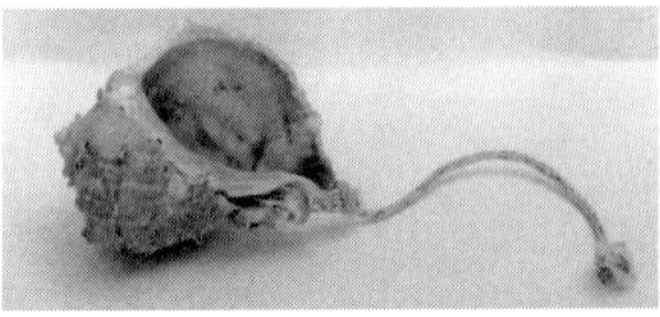

3.

4.

佐賀県藤津郡太良町竹崎（有明海沿岸）の貝製イイダコ取り漁具

（3.4はサルボウ　1.2はニシ）

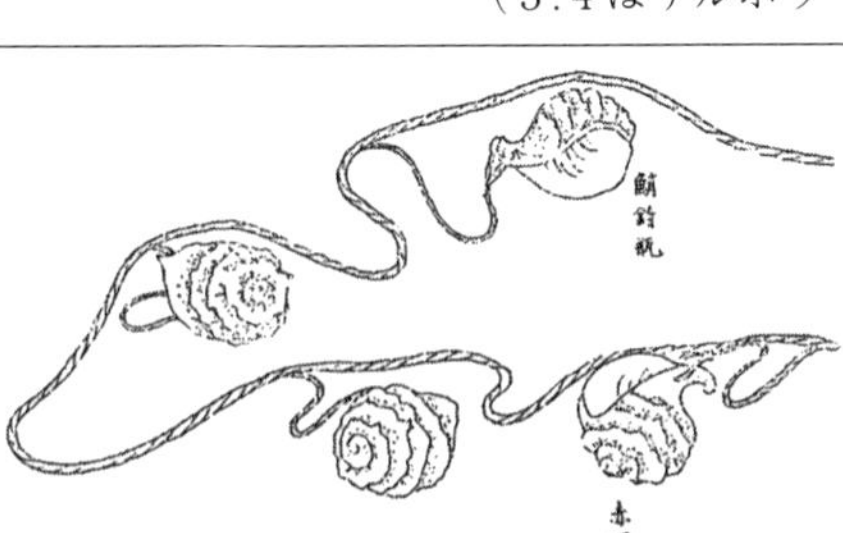

タコツルベ（『民具研究』56より転載）

い素材を活用して、どのような民具が考案され加工され、使用されてきたかという調査を素材に、それらの民具のうちでもタコを捕獲する漁具に注目し、系統的な研究をおこなっていく糸口をひきだしてみたい。

(3) イイダコ漁の漁法を例に

タコを捕獲する方法は、釣漁・網漁・見突漁・裸潜水漁・タコ壷(タコ箱)漁などが主なものだが、その漁具はタコの種類によって異なる。

本稿ではこのうち、事例としてイイダコ漁に使用する「貝を使っての漁具」に限ってみた。これまでの伝統的な庶民生活は暮らしをとりまく自然・地理的な環境(ここでは風土としておきたい)にかかわりが深く、ここでとりあげた貝製民具の素材となる貝も、まず、入手するための経路を明らかにする必要がある。

貝の場合は採取できる現場が明らかだし、食用として採取した貝の殻を別の面で利用することにもなる。このことは、暮らしの中で「加工」をほどこす部分ができることであり、加工する場合にも一個体をする場合、二つ以上の個体を組み合わせて加工するなどのちがいもある。また、自分たちが使用するために加工することもあれば、素材(材料)のまま移出することもある。さらに、民具に製作・加工して移出することもあろう。

いずれにしても、貝の民具は、風土との関連の中で還元させて考えることができるものであり、身近な素材を活用しての漁具である。

（4）分布の重なりあい

本邦で、イイダコを捕獲するために貝製漁具を使用してきた主な地域を事例として掲げると表1に示したとおりである。（一五六頁参照）

この一二地域にみられるように、イイダコについては、使用される貝製漁具が、日本海側の青森・秋田・山形・新潟・石川方面から、西にかけて分布し、九州の福岡・佐賀・熊本に至っている。このうち瀬戸内海の岡山を例外として、太平洋側においては、イイダコの捕獲をおこなうために貝製漁具を使用する地域は筆者の知るかぎり千葉県内の東京内湾に限られる。

（5）まとめ

以上、貝製漁具使用の分布をみると、図1に示したとおり二枚貝のみを使用しているところ、二枚貝と巻貝を使用しているところ、巻貝だけを使用しているところがあることがわかる。そして、二枚貝と巻貝の両方の素材を使用してイイダコを捕獲している地域が、図1に示したように鎖状のかさなりになる。

このように、一つの民具のもつ要素を調べながら横軸での広がりを地域をひろげてみていくと、地域におけるちがいをみつけだすこともできるし、ちがいの範囲もわかる。そして、ちがいの原因（理由）を探ることもできよう。

上述のとおり、横軸での広がり、かさなりあい、つながりを関連づけていくための方法は、あたかも鎖の輪のような文化内容（要素）が次から次へ地域ごとに広がっていくという意味において「鎖状連結」という概念でとらえることができるし、このような方法で民具学を研究することを「鎖状連結法」という方法論の一つとしてよぶことができる。前掲の「民具研究三五年の動向と展望」においても、民具学の「方法論の展開と発展」の中で、「民具研究の鎖状連結法」として述べた。

文化の連鎖を考えると、特定の文化内容（要素）をもった地域が文化圏を形成し、他の文化内容をもった地域が、もう一つの別の文化圏をつくる。しかし、となりあうそれら二つは別のものではなく、内容的にはある部分においてかならずかさなる部分（地域）ができる。しかし、そのかさなりあう地域は独特（独自）の文化内容を形成するということはないので、第三の文化圏とはならないとみてよい。それは連鎖する部分（地域）の文化要素のためだ。

このように文化圏は「鎖状に連鎖」の形式をとりながら存在してきたとみることができる。以上のように、文化複合の鎖状連結的実在を「鎖状連結法」によって明らかにするために、民具は有力な研究対象となりうるものであり、こうした事実は「存在の連鎖」につながる。これは、「モノ」は孤立して存在するのではなく、他の「モノ」と鎖のように連結しており、かならず「存在の連鎖」、いいかえれば他の「モノ」とのかかわりによって存在しているという証験である。

3　民具学の方法（3）―釣鉤の地域差研究―

（1）はじめに

第一一回の日本民具学会大会における研究発表は昭和六一年一一月二三日、大宮市民会館においておこなわれた。筆者はその席上、「モース研究の民具学的視点」というテーマで研究発表をおこなったことがある。

モース（Edward Sylvester Morse 1838～1925）の日本民具コレクションにかかわる今日的な意義は、そのコレクションが学術上の貴重な価値をもっているということに尽きる。発表の内容については、わが国における民具研究にモースが与えた影響や、彼の果した直接、間接の役割、位置づけを明らかにして評価を試みたものであり、結論だけをまとめれば、モースは、わが国における物質文化研究（民具研究）の草分けの一人である坪井正五郎らに大きな影響を与えた人であり、そのことから、わが国における民具研究の始祖にあたるのがモースであるということである。（三二一頁以下を参照）

澁澤敬三もモースから影響をうけた一人である。澁澤敬三は『明治前日本漁業技術史』[1]の巻頭において、セーラム・ピーボディー博物館（Peabody Museum of Salem, Massachusetts）所蔵（モース・コレクション）中の釣鉤などの写真を掲げ、「モールス博士の日本に於ける蒐集品を悉く展観して居るが、その中に当時の釣鉤を地方毎に集めた一扁額がある。現時の我国ではもはや到底手に入らぬものでありこの標本を精細に研究して見度いものであることを附記しておく[2]」と特筆し、写真を添えている。

モースのコレクションは釣鉤に限ったものではなく、収集し、保管されているのは日本民具全般についてであるが、筆者は昭和五四年（一九七九年）六月と昭和六一年（一九八六年）九月から十月にかけて、昭和六三年（一九八八年）一月から二月の三回にわたり、同博物館で日本民具の調査・研究をする機会を得たので、ここでは澁澤敬三が注目しながらも果たせなかったモース・コレクションを駆使して釣鉤研究の結果を文化要素の一つの連鎖事例として述べてみたい。

(2) 研究史と社会的背景

わが国における漁撈用具やその技術伝承に関する研究成果のうち、釣鉤についてみると、〝釣鉤の型に地方差〟があることは、享保八年（一七二三年）に津軽釆女正によってまとめられた『何羨録』においてすでに指摘されており、今日的な研究課題ではないようにうけとめられる感がある。しかし、本稿では視点、切り口が異なる。

また、江戸末期から明治期にかけて、各地で各種の釣鉤についての集成図のたぐいが著された。明治二七年に千葉金太郎の筆による『日本鉤集』（彩色釣針・擬餌針図）などはその代表的なものの一つといえる。

しかし、わが国全般を概観して、釣鉤の型に三つの地域差があることを指摘したのは中村利吉であった。中村は、水産伝習所の教師の職にあり、『日本水産捕採誌[3]』の編纂員であったことはよく知られている。

中村は、明治一五年刊行の「大日本水産会報告」（第一巻九号）に、「全国の釣鉤千五百種を蒐集通覧した結果、我が国には釣鉤の型に三つの地域差がある」と結論づけた。その三つの型とは、「東北型」とよばれる軸直型のもの、「西南型」とよばれる丸型のもの、そして、その両方の変型ともみられる「中部型」といわれる角型である。

そして中村は、『日本水産捕採誌』において、「鉤の形は、右に示す如く種々ありと雖今之を全国に就て見る時は大抵三種の原型に帰するが如し則ち角型、丸型、軸直の長形是なり其角型は紀伊国牟婁郡以東の東海に行はれ丸形は紀伊より西南諸州及び日本海に臨める地方に於ては丹後辺より以西は悉く此の形のものを用ゐ若狭辺より以北の地方及び三陸両羽にては概ね軸直の長形を用ふ」と記している。以下、前掲の「モース研究の民具学的視点」でも述べたが、わが国におけるる釣鉤の製作は、江戸期はもとより明治・大正・昭和の初期に至るまで、全国の諸地域において、それぞれ伝統的な手法により手作りでおこなわれてきた。（一六九頁の図1を参照）

しかし、実物（釣鉤そのもの）が収集され、資料化されている例はきわめて少なく、今日保管されている釣鉤は、伝統的な手法による手作りのものはまれで、そのほとんどは機械化によって量産され、全国的に画一的な流通過程をたどったものが残されているにすぎない。

翻って、中村が全国各地から釣鉤を収集した明治一五年前後の状況をみると、明治一〇年、東京の上野公園で第一回内国勧業博覧会が開かれ、時流にかなって好評を博したため、明治一四年三月より同じく上野公園で第二回内国勧業博覧会が開催された。

当時、博物館は農商務省の管轄下におかれたので、第一回内国勧業博覧会に陳列された資料は明治一五年三月、上野公園内に開館した博物館に引き継がれ、収蔵・保管されたであろうと思われるが、現在、これらの資料の所在は不明で、その一部は池田哲夫が追跡、確認中だ。

さらに、明治一六年、第一回水産博覧会が上野で開かれ、この博覧会のために全国から収集されたであろう資料も、その後の足どりがつかめない。ただ、この時期に各県ごとや各地方で、伝統的な漁法や漁具を図解した図誌が編纂された経緯があり、明治一六年にできた『三重縣水産図解』(4)等はその折に出品された代表的な資料の一つとして今日に伝えられている。

当時、勧業のために各地から資料を収集しても、今日のように民俗資料（有形民俗文化財）としてそれを保管し、後世に伝えようという考えは、世間一般にはとてもありえなかったと思われる。それ故、中村が収集した一五〇〇種におよぶ釣鉤の行方も追跡調査をすることができない。

今日、わが国において、以前に中村が結論づけた釣鉤に関する三つの地域差の区分について、それを追跡調査し、確認し、裏付けとなる実物の釣鉤資料にもとづいて実証しようとしても、全国各地の博物館・資料館などで明治一〇年代の伝統的（江戸期より引き継いだ地域的特色を示す）資料である釣鉤を収集・保管している機関はごくまれであり、いわんや体系的なものはみられないといってよい。

それは個人的なコレクションについても同じことがいえる。また、澁澤敬三が述べた通り、今日、到底手にはいらない資料（釣鉤）といえるのである。

中村が釣鉤を収集した明治一〇年代であれば、こうした釣鉤はどこの漁家でも使用し、保存もされていたし、また、漁業者自身が自製していたので、このような生業にかかわる道具について注目する人もほとんどなかった。収集の必要性も感じていなかった訳である。

ところがその後、わが国においても新産業が次々におこり、生産構造が変化し工業化が進むにつれて、それまで自製していた釣鉤も、家族的小経営による家内制手工業であっても、特定の専門業者によってつくられるようになった。

その結果、安価で購入できる量産品が出まわり、全国的に画一化された釣鉤が使用されはじめ、伝統的な自製の地域的特色を示す形態の釣鉤は、急速に影をひそめ、湮滅してしまったのである。

漁民の誰一人、毎日使用してきた釣鉤が貴重な学術資料になろうなどとは考えてもみなかったことである。それは、当時の学者をはじめとする文化人についても同じであった。

このような時代に、一人、モースだけがこうした資料の湮滅を防ぐための手段として収集の緊急性・必要性に気づいていたのであった。

モースはスペンサーやダーウィンらの進化論支持者であったため、人間社会もまた当然のことながら進化し発展するものであるから、一定の期間に暮らしの道具として用いられた日常の品々も、時代の流れ・変遷とともに変化し発展してしまうので保管することに必要性を強く感じていたのであった。

事実、モース・コレクションを百年経過した今日において調査・研究することにより、中村が調査したほど細密ではないにしろ、実物資料の釣鉤を収集地と比較することにより〝釣鉤の型〟の地域差について実証することができるのである。

以下、その具体的な事例を示してみたい。

（3）釣鉤の実証的研究

もとより釣漁具・釣漁法については澁澤敬三が「往昔、鉤《はり》、糸、竿、餌、沈子《おもり》、浮子《うき》を釣の六物と称し、ややもするとこの六物総て完備するをもって完全な釣具と解した向を見たが、実際の職漁や遊漁を見るに或は竿を、或はウキ、錘、餌等を欠く場合も尠くなく釣具の基本的要素は決して六物全部に求むべきではない。釣具としての必須条件は鉤と糸であり、就中鉤がその中枢を為す。故に釣具とは一応尖鋭の鉤に糸を結び時に他の補助具を随伴せしめ且つ多くの場合餌を装して魚族を誘致し鉤先に懸らせて捕魚する漁具であると云ひ得る。」と述べているように、釣具の基本的な要素は六種類（六物）の組み合わせが必要でないまでも、釣鉤を調べるためには糸との関連においてとらえなければならないことは当然であるといえよう。

しかし、本稿においては「釣鉤を事例として民具の地域差を実証的に調査、研究するための手段とするのであって、釣鉤研究そのものが目的でない」ことを付言しておきたい。

すなわち、本稿は「海と民具」に関する研究のための一つの方法を示すものであり、筆者が本学会誌において発表した「民具研究の方法」[5]としての「鎖状連結法」についてその研究法を補塡するものである。

わが国には釣鉤に関する図録のたぐいがいくつか残っている。中でも『釣鉤図譜』は明治一八年から明治二二年頃の推定編著作とされるもので、勝部直達の詳細な調査・研究[6]により、その編著者が中村利吉であることが判明した貴重な資料である。

あわせて、三重県の倉田正邦所蔵の図録も、『釣鉤図譜』の系統に属するものであることがその内容からうかがうことができる。

また、上述したように、明治二七年に千葉金太郎筆になる『日本鉤集』も、『釣鉤図譜』を下図として写したものであることがその内容によって明らかである。

中村利吉の編著によるとされる『釣鉤図譜』については、上述のとおり勝部直達による詳細な内容の分析結果[7]があり、それによれば同書に掲載されている釣鉤は総数八七九図で、うち、他の出版物中からの転載（引用）分が一七〇種ある。したがって、残りの七〇九種の釣鉤は当時、編著者が直接所持していたということになる。しかも、魚種別釣鉤にして七一種、収集地域は、わが国全土にまたがり、約六〇州、郡にして一一〇郡に及んでいる。

上述の通り、中村利吉は明治一五年刊の「大日本水産会報告」（第一巻九号）において、全国の釣鉤一五〇〇種を通覧したとしていることから、『釣鉤図譜』を編むにあたっては、半分の釣鉤については省略したことになる。

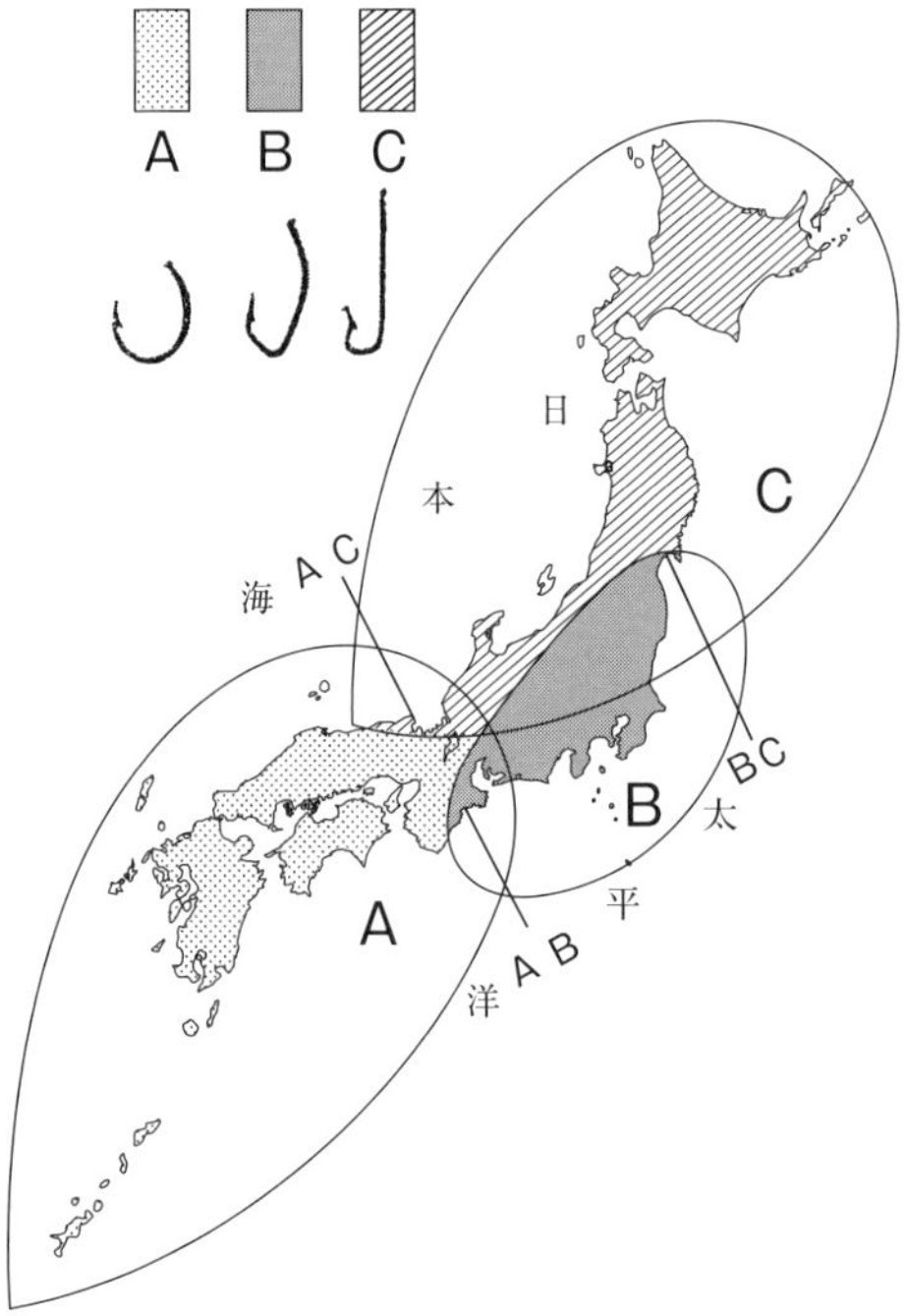

図1　釣鉤の分布

（原図は『日本水産捕採誌』による）

中村利吉が釣鉤を三つの地域に分けて分類したことは先にも述べたが、さらに具体的に示せば、『日本水産捕採誌』に図示されているように（図1参照）、角型、丸型、軸直の長形がそれである。

いま、丸型をA型、

角型をB型、軸直の長形をC型におきかえてみると、A型とB型の分布は太平洋側においては紀伊半島から分かれ、「紀伊国牟婁郡以東」をその境としている。そしてB型は日本海側に分布していないことがわかる。

A型とC型が「丹後辺より」分かれ、C型は「若狭辺より以北」であるとしている。

また、B型とC型の太平洋側における分布の境について明記はしていないが、『日本水産捕採誌』に示された挿図（図1参照）によれば、陸前がその境界にあたっていることがわかる。

これらのことを今日の行政区画にあわせてみると、図示したA・B境界は和歌山県と三重県とを分ける熊野川辺をはさんでの位置にあたる。

A型は和歌山県の西牟婁郡から、東牟婁郡あたりまで分布し、B型は三重県の北牟婁郡から、南牟婁郡にかけて分布していたことがわかり、A・B線をはさんで、両地域にそれぞれの釣鉤型が分布・重複していたであろうことがわかる。

このことは同じようにA・C線についてもいえることである。すなわち、丹後はA型、若狭はC型ということは、京都府の丹後半島を境としてA型は姿を消し、福井県の若狭湾周辺の海村においてはC型が使用されてきたということで、ここでもA型とC型の釣鉤の使用分布がA・C線の付近で重なり、オーバーラップしている地域があったとみられる。

さらに、太平洋側のみに分布するB型釣鉤の分布の北限は宮城県の仙台湾あたりに図示されていることから、岩手県（陸中）以北ではC型のみが使用され、B型とC型の使用がオーバーラップしている地域が宮城県内にあったとみることができる。したがって、B・C線を境として、その両側にわたりB型とC型が重複して使用されてきた地域があったとみることができよう。

以上のように釣鉤の三つの型を具体的にみると、わが国においては、釣鉤の型が大きくA・C線―A・B線の地域によって区分されていることがわかる。

すなわち、このA・C―A・B線は『延喜式』による行政区分にあてはめてみると、A・C線にあたる丹後と若狭の地域は、山陰道と北陸道を分ける道界と一致し、A・B線にあたる紀伊と伊勢の地域は南海道と東海道を分ける道界と一致するのである。

このことから、わが国における釣鉤の形態の分布は、丹後と紀伊を結ぶ線をもって、大きく区分することができるので、「丹後―紀伊線」が釣鉤を調べるための一つの重要な地域区分線になるといえよう。

そして、もう一区の地域区分線は陸前の仙台湾あたりで、陸前を二つに区分する「仙台湾線」である。「丹後―紀伊線」を、もうすこし具体的に表現すれば、「若狭湾―熊野灘線」とすることができ、B・C線は「仙台湾線」ということになる。こうした事例は「鎖状連結法」にかかわる重要かつ実証的な視点である。

ところで、本稿の「研究史と社会的背景」においてふれたところの、モースの収集した釣鉤のコレクションは、現在、マサチューセッツ州のセーラムにあるピーボディー博物館に保管されている（Peabody Museum of Salem. East India Square, Salem, Massachusetts）。

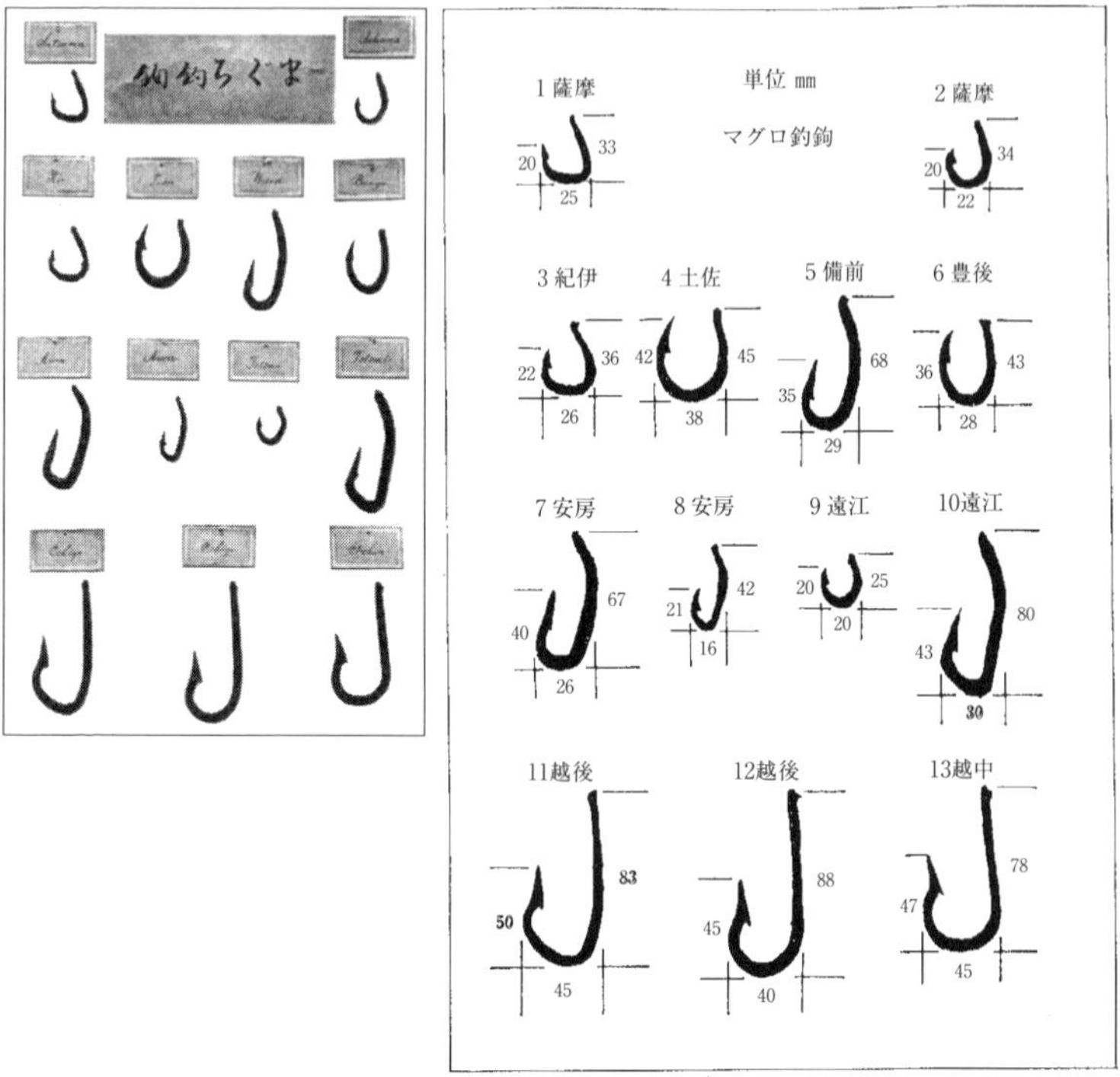

図２　マグロ釣鉤（ピーボディー博物館モース・コレクション実測）

魚種別に釣鉤をみると、マグロ釣鉤、サバ釣鉤、カツオ釣鉤、タラ釣鉤、アユ釣鉤、各種のツノバリがその主なものである。

これらの釣鉤のうち、本稿においてはマグロ釣鉤とサバ釣鉤を事例にあげ、具体的にみることにしたい。

マグロ釣鉤は図２（一七二頁参照）に示した通りで、一三点がまとめられている。これはピーボディー博物館で展示用に並べたものであるが、図

2のように番号を付してみると、1と2は薩摩において使用していたもの、3は紀伊、4は土佐、5は備前、6は豊後、7と8は安房、9と10は遠江、11と12は越後、13は越中においてそれぞれ使用されていたものを収集したものである。

これらを、さきに述べた釣鉤の三つの地域別にあてはめてみると、地域的にはA型に属するのは1から6まで、B型に属する地域は7から10まで、C型に属する地域は11から13までとなる。次に、これらの釣鉤を形態的にみると、A型すなわち丸型は1から6までであるが、このうち5の備前で使用した釣鉤型は丸型（A型）というよりも角型すなわちB型に似ている。たしかに「曲り」の部分は、「先曲り」、「腰曲り」ともに丸型なので、釣鉤の「ふところ」の部分も丸型ではあるが「軸」の長さが他の地域のものに比較すると長いことがわかる。

角型（B型）は7から10がその地域に属するが、ここでも9の遠江で収集された釣鉤は「曲り」や「軸」の長さからすると、むしろ丸型（A型）に属する形態のものであることが判明する。次に、軸直の長形といわれるC型のものは11から13にかけて示されているもので、釣鉤の数は少ないが中村利吉が指摘した型と一致することが実証できる。

サバ釣鉤は図3（一七四頁参照）に示した通り、二一点がまとめられている。図2と同じく各地で収集した釣鉤に番号を付してみると、1と2は紀伊、3は土佐、4は周防、5は薩摩である。この上段一列と四段目の一列、すなわち、13の石見、14の出雲、15の対馬、16の肥前のグループが先に述べた丸型（A型）の地域に属することになる。

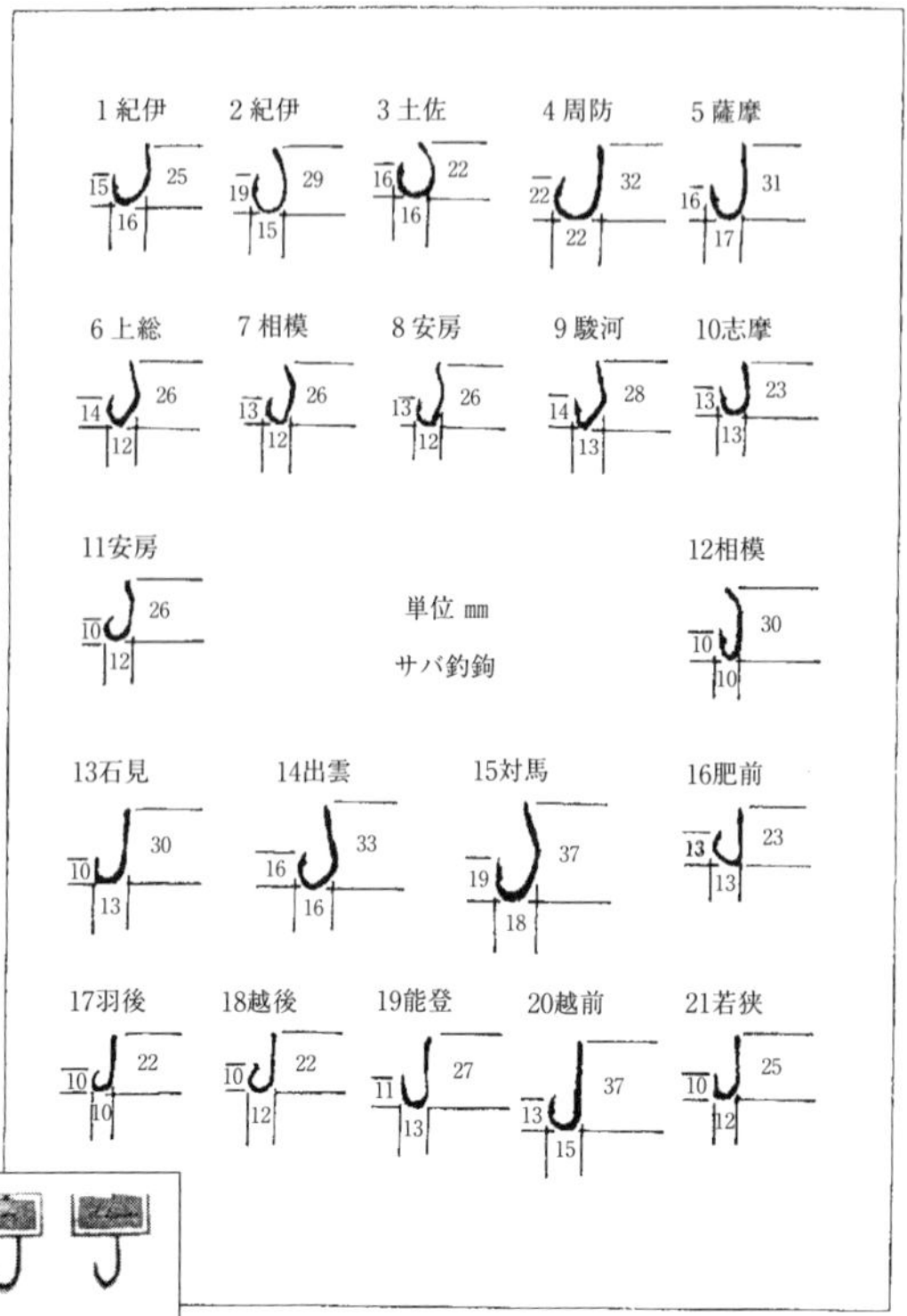

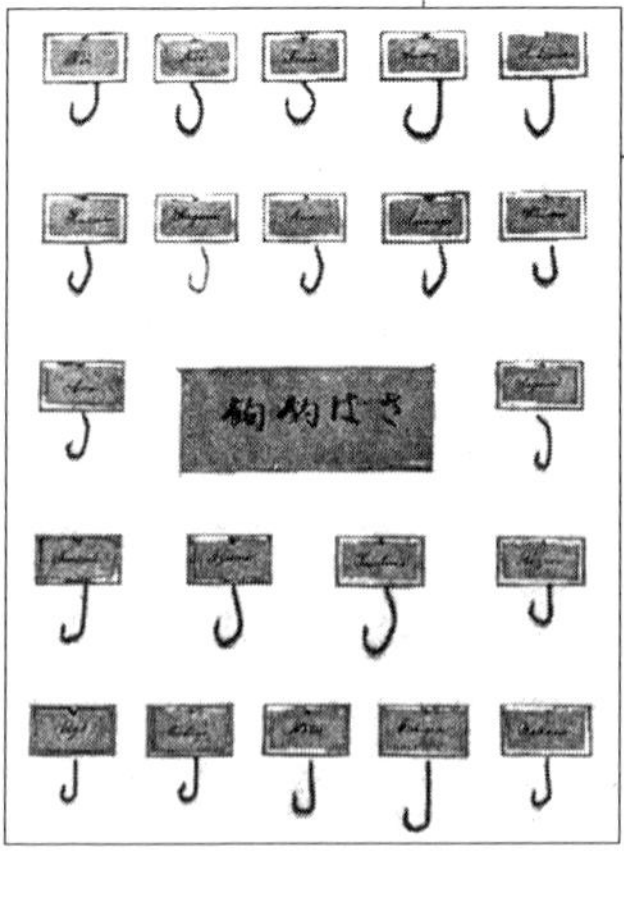

図 3　サバ釣鉤
（モース・コレクション）

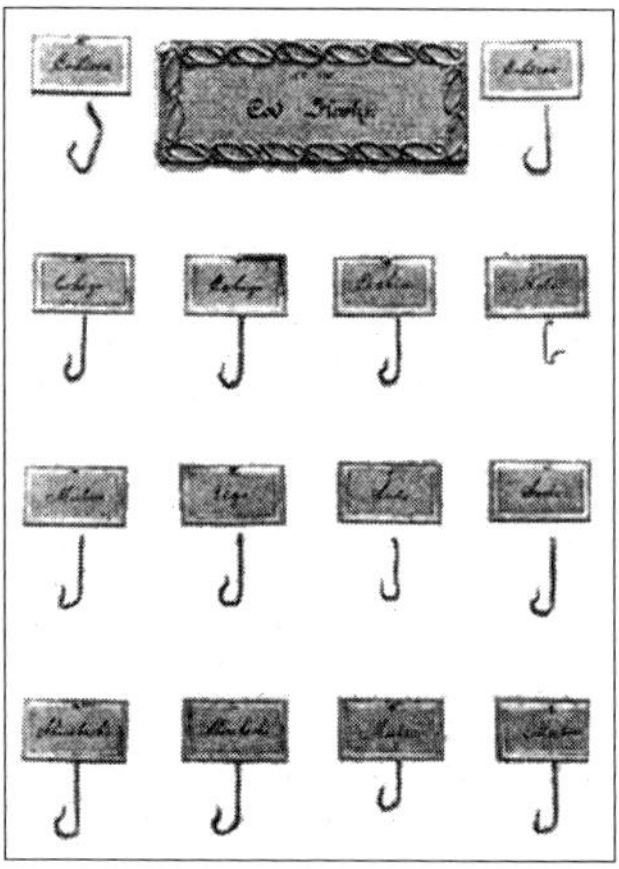

図4　タラ釣鉤

（モース・コレクション）

たしかに上段一列については丸型（A型）であるとの指摘にその形状が該当する。しかし、四段目の一列の釣鉤の形状は、必ずしも丸型（A型）といいがたいものであることがわかる。

次に二段目についてみると、6は上総、7は相模、8は安房、9は駿河、10は志摩である。二段目は10の志摩で収集された釣鉤が丸型（A型）であることをのぞけば、他は角型（B型）の形状であることで一致し、三段目の11に示した安房、12に示した相模の釣鉤とあわせて、角型（B型）地域における釣鉤のそれであることが実証される。

さらに五段目についてみると、17は羽後、18は越後、19は能登、20は越前、21は若狭から収集した釣鉤で、五段目の一列は、軸直の長形といわれる形状の釣鉤でC型に属するものであることが地域と形態差の一致をみるとみてよいであろう。

以上、モース・コレクションを実例として、マグロ釣鉤とサバ釣鉤の二種の釣鉤についてみた。その結果、魚種別に例をとってみても、いくつかの問題点はあるにせよ、わが国における釣鉤の形状差が地域別に三つあるとした中村利吉の釣鉤に関する説は正しく実証できることがわかるといえよう。そして、図4のタラ釣鉤はタラの生息地域とほぼ一致する。

（4）民具研究の方法（まとめにかえて）

ところで、わが国の釣鉤はなぜ上述のように、形状に三つの地域差が大きく生ずるのであろうかということが疑問として残る。

残念なことに、現在のところ、この質問についての解答は用意されていない。しかし、この解答は近い将来において必ずや明らかにされるであろう。

今日までは、上述した疑問さえも出せる状況になかった民具研究の現状であったこともたしかであるといわざるをえない。

それではどのようにすればその解答が用意できるかについて次に述べてみたい。

本稿における主題設定の理由の一つは、「はじめに」でも述べたが、それにあわせて、「釣鉤の地域差に関する実証的な研究」を推進することにとどまらず、釣鉤のコレクションとその分布を一つの事例としてみる中で、民具研究の方法論の一つを具体的にひき出すことにあった。

すなわち、民具（釣鉤）を調査・研究していくことにより、疑問や質問などの問題に解答を与えるための調査方法や研究方法を示すことが本稿の主眼の一つである。

筆者はさきに『民具研究』第五三号誌上において、民具研究の方法の一つとして「鎖状連結法」を提唱した(8)。

本稿は、釣鉤の分布、形態（状）差などを一つの事例としてみる中で、この鎖状連結法の基本的方法を駆使することにより、さきに掲げた疑問を解くことができると考える。

すなわち、図1に示したA・C―A・B線（若狭湾―熊野灘線）についてみると、丸型（A型）の釣鉤分布はA・C線を越えて若狭湾沿岸をはじめ福井県に広がりをもち、逆に、軸直の長形（C型）の分布は、丹後半島を越えて京都府内沿岸にも分布を広げているなど、互いに重なりあう分布圏がある。また、丸型（A型）釣鉤の太平洋側における分布は互いにA・B線を越えて重複しており、熊野灘といっても、和歌山県と三重県の沿岸において丸型と角型（B型）が互いに重なりあうような分布を示す。

さらに角型（B型）と軸直の長形（C型）の分布は仙台湾あたりから分かれ、B・C線がその分布を二分することになるが、やはり角型（B型）は陸中方面にむかって分布の重複があり、逆に軸直の長形（C型）は陸前から磐城方面に向かってその分布の重なり合いがあるとみられるわけである。

図1（一六九頁参照）に示したように、異なる釣鉤（民具）の形態が鎖状に重なりあう部分（地域）が三つあることに、まず注目したい。

釣鉤という一つの民具のもつ属性を調べる中で、その民具が使われてきた伝統的な暮らしをとりまく自然的・地理的環境（ここでは風土としておきたい）を考慮することは重要であるが、本稿では捕獲対象物（魚類など）の生息状況や分布・生態などを捨象して考え、民具（釣鉤）のもつ属性を調べながら、形態（形状）を軸にその広がりを分布として調べていくと、一地域における形態の違いと、隣り合う地域の比較をすることができる。そして、異なる地域の範囲も明確になっている。

しかし、違いの原因を明らかにすることは容易なことではない。一地域で使用されてきた民具（釣鉤）は、それを伝統的に用いてきた人々にとっては、あたりまえのものであり、その形態が最良のものであるとしているのは当然だからである。

それ故、鎖状に重なりあう地域で民具の聞取り調査をおこなう場合には、具体的に、異なる民具（釣鉤）の形状を示し、どうして、二つの形態的な違いがあるのか、それは使用の際、有用なのか無用（無関係）であるのかを確かめなければならないし、この点を明らかにすることから調査を始めなければならないといえよう。

民具の調査・研究をおこなうための一方法としての「鎖状連結法」というのは、これまで釣鉤の一事例でみてきたように、横の広がり、重なり合い、結びつきを関連づけていく仕方が、あたかも鎖の輪のように文化要素が次から次の地域に広がり、分布圏を形成しているという意味において「鎖状連結」という概念でとらえることができる。以上のような方法で民具（釣鉤）を研究することを「鎖状連結法」という一つの方法論としてさきに提示した。

文化要素（内容）の連鎖をみると、特定の文化要素（内容）をもった地域が文化圏を形成し、他の文化要素（内容）をもった地域が、もう一つの別の文化圏をつくる。前者の文化圏をA、後者の文化圏をBとした場合、このAとBの文化圏が隣り合わせにあった場合、両者の文化要素

（内容）は、ことごとく異なっている場合はなく、むしろ両者の文化要素（内容）は互いに共通する内容が多いというのが普通は支配的な実態である。

すなわち、隣り合う二つの文化圏はまったく別のものではなく、内容はある部分において必ず重なる（共通する）部分があるので、文化圏は地域を線で区分するような行政区画のような仕切られかたができるわけではない。内容的に文化要素が共通するということは互いの文化圏が重複して存在することを意味するのである。

しかも、その重なり合う地域は独特（独自）の文化内容を形成するということはないので、第三の文化内容を形成することにはならない。

このように、文化圏は「鎖状に連鎖」の形式をとりながら存在してきたとみることができる。したがって、以上のように文化複合の鎖状連結的実在を「鎖状連結法」によって明らかにするために、民具は有力な研究対象となりうるものである。

再び図1（一六九頁参照）にもどり、上述してきたことを具体的に示してみたい。

丸型の釣鉤が分布する地域をA型文化圏、角型の釣鉤が分布する地域をB型文化圏、軸直の長形の釣鉤が分布する地域をC型文化圏としてみると、A型—B型、B型—C型、A型—C型の文化圏は互いに重複しあうが、重複しあっている部分（地域）は、それぞれの独自な文化圏を形成しているのではなく、互いの文化要素（ここでは釣鉤の形状の地域的な差異）が互いに重なり合って分布しているだけのことにとどまる。

ここで考慮しなければならない重要な点は、民具（釣鉤）研究においては、こうした文化圏の重複している地域における調査・研究を重点的におこなう必要があることである。

すなわち、冒頭で述べたように、「わが国の釣鉤は、なぜ形状に三つの地域差があるのか。それは、どのようなことに起因するのか」などの問題を解きあかすためには、まず、鎖状に連結しているA・C線を境とした両地域（周辺地域）、A・B線を境とした周辺地域、B・C線を境とした周辺地域の調査・研究をおこなうことが重要であり、このような地域にこそ、問題を解決し、解答をひきだすための鍵があるといえるのである。

したがって、異なる形態の民具が分布する地境ともいえる文化圏の重なり合う鎖状連結地域は、民具研究の重要なキーゾーソ（鍵をときあかす地域）(9)であるといえよう。

以上、釣鉤の地域差に関しての実証的な研究を、モースの収集した現存する資料をもとにおこないつつ、釣鉤という一つの民具を通して民具研究をおこなっていくための方法について具体的に検討してみた。民具調査はどの地域でも実現できるが、地域を選択することも重要だ。

鎖状連結の方法で明らかなことは、民具研究をおこなう場合、民具研究とはなにかという出発点にもどって、もう一度、民具研究そのものを問いなおさなければいけないという点である。

すなわち、これまでの民具に関する研究の現状は大きく三つに分けることができ、その第一は、各地域（地方）または一地域における民具の存在（残存）状況や実態を明らかにしながら、民具の保有状況や素材、入手方法、製作過程や製作方法、使用方法、あるいは形態分類、機能などを中心にまとめたものである。それは「悉皆調査」または「民具誌」的なものに含まれ、地域の博物館や資料館などで収集し、保管している民具の履歴を明らかにするためにも重要な基本的な調査・研究であった。

そして第二は、前者の成果を素材として取り込み、それを発展させ、「民具学」としての体裁を整えるための方法論をそれぞれに盛り込み、あるいはみちびきだす努力や志向のきざしのみえる内容の研究である。

第三は、古文献・古文書などを中心として民具を調べたり、絵巻をはじめとする絵画資料等を活用しての研究であり、考古資料が用いられたりすることもある研究である。

このようにみたとき、物質文化研究といわれる内容で包含されるものや比較民具学といわれるものなど、これまで刊行され、民具研究者をはじめ、研究者のための共有の財産となっている民具研究の成果、さらに各地で調査された県史・市史・町村史の民俗編や民俗資料調査報告書、文化財調査報告書などは、いずれも第一のものに含まれるものであり、第二、第三に含まれるものは数えるほどしかないのが実状である。

その点、キーゾーン（鎖状連結地域）の調査・研究を重点的・集中的におこなうことは今後、比較民具学の視点ということにとどまらず、民具学の発展に大きく寄与することができると考えたい。

すなわち、第二の分野における研究を今後盛んにおこなっていくためには、鎖状連結地域に注目した調査・研究の積み重ねがなされなければならないということができよう。

以上、民具学の研究法を「釣鉤」を事例に述べた。擱筆するにあたり思うことは、柳田國男が民俗学の研究法（文化〈方言〉周圏論）を導き出すために、『蝸牛考《かぎゅうこう》』を昭和五年（一九三〇年）に著したことがあった。蝸牛（かたつむり）の分布とその方言を説明する理論にも賛否はあった。「釣鉤」を事例とした鎖状連結論に対しても、諸賢のご教示、ご叱正を賜わりたい。

なお、筆者のこれまでの研究によれば、釣鉤の地域による形態の変化は、明治の初期までは自製されていたものが、後に家内製手工業に変わり、量産され、流通範囲が拡大したことも、大きな原因のひとつになっているのではないかと考えられる。

すなわち、釣鉤の形態に地域差ができる理由の一つには、釣鉤が流通する範囲の時代的背景との係りがあるように考えられる。「流通民具」に注目したい。

注

（1）日本学士院編『明治前日本漁業技術史』日本学術振興会、一九五九年
（2）前掲書、第一編釣漁技術史　第八節「鉤の型」
（3）農商務省水産局編『日本水産捕採誌』水産社、一九一二年
（4）三重県編『三重縣水産図解』『三重縣漁業図解』・『三重縣水産図説』一八八三年
（5）田辺　悟「民具研究の方法——鎖状連結法——」『民具研究』第五三号、日本民具学会、一九八

四年

（6）勝部直達編著『釣鉤図譜』解題、渓水社、広島、一九七八年

（7）前掲書

（8）注（5）に同じ

（9）田辺　悟「モース研究の民具学的視点」「モースの日本民具コレクションの意義」守屋　毅編『モースと日本』小学館、一九八六年

付記　「はり」の表記には、鉤・鈎・針などある。これまで筆者は「釣鈎」と表記してきた。

その理由は『古事記』に、「皇后勾レ針為レ鈎」（皇后針を勾げて鈎と為し）とあることを準拠したことによったためである。

しかし、本書においては、本字の「鉤」を使い、俗字の「鈎」はすべて本字（正字）にもどし、本書では、これまでの記述（表記）をすべて改めた。

4　民具学の構図

(1) はじめに

筆者はこれまでに「民具の定義」(概念規定)や「民具学の方法」、あるいは「民具研究の一方法」としての「釣鉤の地域差研究」や「民具展示の今日的意義と構成」、「ミクロネシアの民具構造」さらには各地の「民具誌」(三重県鳥羽市神島・新潟県両津市北小浦など)等、民具または民具学に対して興味と関心をよせ、一連の拙論をまとめてきた。

こうした経過の中で、常に継続して問題意識としてもちつづけてきたことは、研究対象としての「民具」の存在と、それを使用してきた人間とのかかわりや、研究の領域に関する構図的な把握を確立し、理論化していかなければ、研究そのものの発展は望めないのではないかという思いであった。

それは「民具学会」の問題としてというより、筆者自身に帰属するものなのだが、筆者自身、民具の研究は「民具学会」などなくても「日本民俗学の一分野における民具研究で充分にやっていける」と考えていたのに、一旦、「日本民具学会」が設立され、活動がはじまると、学会が共有する民具に関する情報量は以外に多く、民具研究をおこなっていくためには無視できない存在ということを超越して、積極的に参加し、活用させていただかなければならなかったという経過があったためである。（二九六頁参照）

それ故、筆者としては、「ずるずる…」という状況の中で民具学会に加えていただいたこともあり、今日に至るまで、民具学の構図的な把握も明確にしないままに過ぎてしまった。

他方、こうした思いの中で、そのうちに会員諸氏が、筆者と同じような思いの中から、民具学という学問分野に対して明瞭な構図的把握を提起され、会誌に発表していただけるのではないかという期待もあった。

しかし、こうした思いは、いつまで待っても学会誌をはじめとする他の紙面にも掲載されることなく今日に至ったこともあり、筆者自身にとっても、これ以上に期待をのばすことはできないと悟ったしだいである。

それ故、本稿においては筆者なりの民具学に関する問題意識をまとめ、これまでの「ずるずる…とした気持」や「もやもや…とした気持」を解消するためにも整理をしておきたいと考えたしだいである。よって以下、大方のご教示とご叱正を賜わらんとするものである。

（2）研究対象としての「民具」

まず、研究対象となる、所謂「民具」なるものについて、研究素材としての存在価値、学問的意義を明確にすること、及び、再認識することからはじめ、この分野、方面の研究を継続的に発展させるための学術用語としての基礎的整理をおこなうことからはじめたい。

「道具」という言葉は、「機械」の出現以来、機械とは明らかに区別されている。その区別される所以、道具を使う基準は、「道具」は「人力」あるいは「畜力」などによって使われ、動かされ、機能するのが前提であるが、「機械」といった場合は「動力」源を人力や畜力以外のものによって動かすことが前提となる。

とすると、「風力」や「水力」（波浪も含めて）、あるいは「光」（熱）源などの自然的エネルギーと、発動機のように軽油や重油、ガソリンを利用してのエンジン、電力を用いて動かす発電機、モーター、電池（バッテリー）の類や火力による蒸気機関（ボイラー）利用、さらには原子力による「機械」の動力源を同じような机上のあつかいでよいのかどうかという疑問がわく。

そこで、「道具」は「人力」や「畜力」、その他（水力・風力も含めて）を使って動かし、機能させるものであるとし、「機械」は「人力」や「畜力」以外の原動力を使って動かし、機能させるものだとして区別してみる。

だが、これだけでは問題の定義はなんら解決していない。それは「水力」や「風力」などのエネルギー源が、あいかわらず両方にまたがってしまうからである。

そこで、「機械」に対して、もう少し学際的な定義をあてはめてみると、「キカイとは、一機の外力に抵抗し得る物体の結合からなり、一定の相対運動をなし、外部から与えられたエネルギーを有用の仕事に変形するもので、原動機構、伝導機構、作業機構の三機構から構成されるもの」をいうとされる。

そして、この三機構を完全に有するものに限って「機械《キカイ》」の文字を用い、上述の三機構のうち一つでも欠けたものに対しては「器械《キカイ》」という文字をあてるとすると規定してみる。

以上のような「日本機械学会」等で定義とされるような「キカイ」の説明、定義とは別に、わたしたち「民具」研究をおこなうものは、「キカイ」に対して、もう少し別な、自分達の学問や研究に都合のよい解釈や意味づけができないものかと思う。

そこで、「キカイ」とは、「一機の外力に抵抗し得る物体の結合からなり、一定の相対運動をなし、外部から与えられたエネルギーを有用の仕事に変形するもので、このエネルギーが人力や畜力でなく、産業革命以降の近代工業化されたエネルギー資源の利用によるもの」とし、原動機構を区別することによって「機械」と「器械」の区別ができないかと考えるのである。

すなわち、道具と機械との中間に、「器械」の存在も明確に位置づけることにより、機械を動かす力となる原動力となる電力・火力・原子力と、器械を動かす力となる水力・風力・人力・畜力とに仕分けをして解釈すれば、両方が重なる部分はあっても、重ならない別の動力源（原動機構）と仕分けできるので都合よく説明できないかと考える。

こうしてみると、「民具」は「機械」の範疇からはずれ、「器械」あるいは「道具」の範疇に入ることになる。

ここで二つの事例を具体的に掲げ、この点を明確にしたい。

例えば、水車を水力で回転させ、穀物の脱穀や調整をおこなったり、風車を利用して同じように穀物の脱穀や調整、あるいは地下水の汲みあげをおこなう場合などは、その水車や風車は「機械」でないが「器械」と解釈できるわけだが、これまで畜力を用いて、穀物の脱穀や調整、あるいは製糖のための「さとうきび搾り」などにおいて大型の石臼等を使った場合、それは「器械」とはみないで「道具」とか「用具」・「民具」というような言葉で表現したり、みてきたきらいがあるのではないだろうか。

他にもう一例をあげてみたい。「フネ」はどうだろうか。

「フネ」という語彙は、陸（岡）では「水をたたえるモノ」の名称としてもあるが、一般的には海や河川、池沼などに浮かべて作業をするため、あるいは移動や渡渉することをさけて利用されるものをさす。

小さなフネは「舟」と表記し、大きなフネは「船」と表記するなどさまざまだが櫓、櫂、車櫂

（オール）、棹（竿）など人力を使って操船する場合と、同じく人力を使って曳行（遡行）したり、風力を利用して帆走する場合がある。

わが国では、近現代の初頭に至るまで、いかなる大型船といえども、風力を利用するか、人力にたよるかによっての航行であった。したがって、このような場合に、舟（船）を民具、道具とみるか器械とみるかが意見のわかれるところとなるだろう。

史的背景からすれば、わが国では明治三八年前後、四〇年代になると、漁船の動力化が普及し、小型船も動力化され、この時点で「機械化」されたことになり、船は民具や道具ではなく、機械（船）ということに変わるのだが、それでは、それ以前の手漕ぎの船や帆走する船をもって、民具とか道具とかいう呼称でおさめるのもそぐわないといえよう。学会では、こうしたことが、以前から明確にされなかったために弊害として残り、船は民具ではないが、附属具（品）である船上用具は民具だとか、道具ではなく、施設と同じようなものだという説明がなされる程度にとどまり、それいじょうの概念規定がなされず、うまく説明できないまま今日に至ってしまったというこれまでの経過があった。有耶無耶の点が多々ある。

以上のことからして、習慣的に「フネ」を民具とか道具とか呼ぶのはおかしいが、「運搬用具」あるいは「作業用具」と呼べば、用語例として、さほどおかしくないように思える。

それでは、民具・道具・用具の言葉にどれだけの意味、内容のちがいがあるのだろうか。ま

種類	ドウグ	キカイ（キグ・器具）	
	道　具	器　械	機　械
原動機構（動力源）	人　力 畜　力 その他 （水力・風力）	人　力 畜　力 水　力（波浪） その他 （光・熱源など自然のエネルギー・バネ・ゼンマイなど）	電　力 （発電機・モーターバッテリー等） 火　力 （蒸気機関・発動機等） 原子力 その他 （産業革命以降の近代工業化されたエネルギー源）
分類	民　具（用具・器械）		機械工業製品 （ブラックボックス）

第１図

た、学術用語としての使いわけはどうすべきなのであろうかということに議論が発展してしまうが、それはさておき、「フネ」の事例に議論をもどすと、「フネ」そのものが発達段階をもって今日に至っているのであるから、「人力」によって操船する段階のものは「道具」（民具）、「人力」や「風力」によって操船したり帆走したりするものは「器械」（船）、「原動力」をもって操船するものを「機械」（船）として区別することができるのではないだろうか。

以上のことを整理すると上の第１図のような図式、構図となる。

ただし「器械」といわれるものの中には〈機械体操〉と一般によばれる体育競技において、あん馬・とび箱・鉄棒・段違い平行棒・つり環・平均台等のように、たんに競技に用いる用具（道具）にすぎないものもあるが、これらは別に考えたい。また、第１図で問題として残るのは、水力発電所で、水力を動力源とし、機械を動かし、電力を供給するという点だ。これには、波浪なども含まれる。

本稿では学史的な背景についてはふれないが、「民具」は学術用語としての造語で、「道具」・「用具」・「器具」は一般通常の語彙であるというちがいがある。ただし「道具」と「器具」はあきらかにちがい、「道具」は人力や畜力などと「技」をつかって使うもので、「器具」は労力や技を簡略化して、動力源を他に求め、指先で扱えるようにしたものをいうという仕分けもできる。

今日では「民具」も一般的な用語になりつつあるが、それにしても「道具学会」もなければ「用具学会」もないのは、「民具」という言葉を学術的にとらえた結果であるといえるし、「日本機械学会」に対して「日本民具学会」がその両極に位置しているといってよい。だが近年、道具学会も誕生した。

そして、この両極に位置する二つの学会の中間にあって、両者のとり込みをしている立場に存在する学会が本来ならば「器械」であってよいはずであるが、現実には学会として「機（器）械」に組み込まれてしまっていると解釈できる。

それ故、日本民具学会が「器械」をどうあつかうかを問題にすれば、民具学の構造・構図は明確になると認識することができるのではないかと考える。

しかし、これは上述したように民具の定義（概念規定）とはことなるもので、いわば、民具学会そのものの存在理由、位置づけということになろう。なにしろ最近は、「学会も、山の会や老人会と同じで三人集えば設立される」と世間から揶揄される時代だ。さらに学際的であることを志向すべきであろう。

（3）「民具」の周辺と位置づけ

「民具」という言葉のまわりには、類似した語彙（用語）が多いので、それらの言葉の整理もしておかなければ、「民具」そのものの定義（概念規定）もできないといった現実がある。

その類似した用語には、日常用語ともいえる通常の用語として、「モノ」・「もの」・「物」・「道具」・「用具」・「器具」・「工具」・「世伝品」・「実用品」・「日用品」・「生活用品」・「工芸品」・「骨董品」等があるほかに、文化財関係や博物館等で用いることが多い用語として、「民俗資料」・「有形民俗文化財」・「生活文化財」・「物質文化」「実物資料」・「出土品」・「出土遺物」・「出土資料」・「考古資料」などがある。そして、その他の用語として、「土俗品」・「民俗品」・「民芸品」・「古物」等があげられる。

以上のように掲げた言葉の中には、やや限定された範囲で用いられる用語としての「工具」・「工芸品」・「民芸品」、「骨董品」・「考古資料」・「出土品」・「出土遺物」・「出土資料」・「古物」などもあるが、逆に「民具」という言葉以上に広い概念でとらえられる「生活文化財」や「物質文化」（等）の用語もある。

こうした多くの語彙の中で、中村たかをは、特に「用具論」と銘打って「民具」とは別の概念

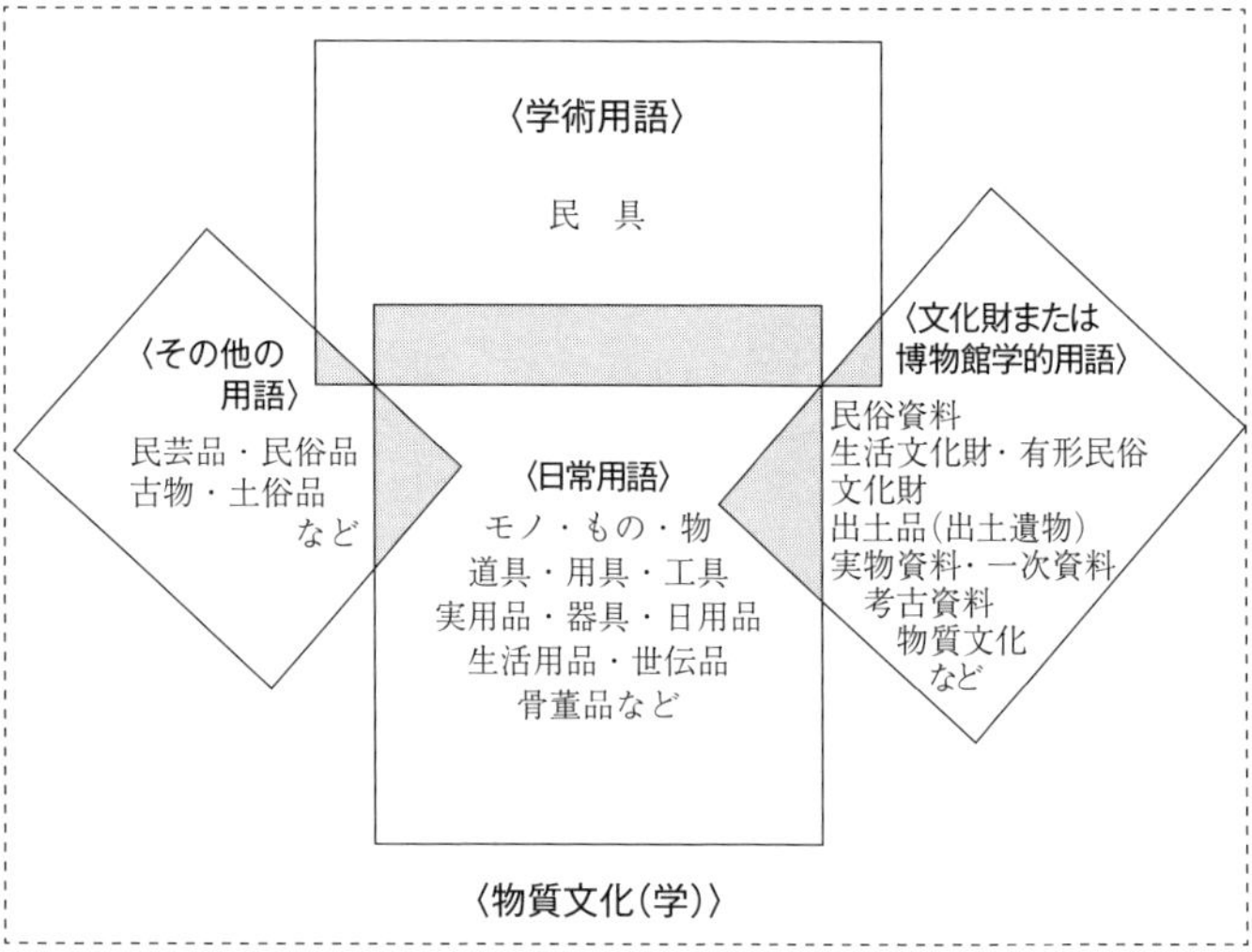

第２図

でモノをみる方法をとった。それはそれなりの意義はあるが、今日までのところ、あまり支持される結果を生んでいるとはみえないようだ。

また、祖父江孝男、大給近達、中村俊亀智（たかを）、大塚和義らによる「物質文化研究の方法をめぐって」も、「物質文化学」という「民具学」以上の大きな枠組の学問的概念の確立をもくろみながらも基本的な概念規定が不明瞭なこともあり、この方面の関心もうすい。

このように、いろいろな用語が生まれてきた経緯をまとめてみると、上述のように(1)日常用語を母体とするもの、(2)文化財関係・博物館などの活動を母体とするもの、(3)その他の用語などに分けられ、それに(4)学術用語として造語された「民具」（学）

が加わり、さらに「物質文化」（学）という大きな外枠がはめられることになる。（第2図参照）

以上のことをまとめてみると、第2図のように大まかに仕分けすることができる。そして、これらの語彙は、それぞれの使い方によって少しずつ言葉のニュアンスにちがいがあることもたしかであり、無視できないので、必ずしも各々の仕分けされた分野に該当しつづけるものともいえない。したがって、あくまでも便宜的な仕分けである。

(4) 研究対象として「民具」のもつ側面

それでは「民具」を研究対象とするとき、その対象に対して、どのような側面、きりくちがあり、また、今日までおこなわれてきた調査や研究はどのような内容であったのかを具体的に示し、その構図を客観的にながめてみたい。

このことは、言葉を変えれば、「民具学」を構成する要素を解析することによって明らかになるといえる。

まず考えられることは、民具のもつ属性（民具のもつ基本的な要素）を明らかにすることが基本的な調査、研究には必要になる。すなわち、(1)形態・(2)機能・(3)用途・(4)入手方法・(5)製作時期・(6)名称の「六要素」がそれであるとする。

次に「民具」とのかかわりをもって調査、研究をおこなっていくための「かかわり方」を列挙してみると、(1)民具学原論的なもの（民具の定義や概説、調査や研究の方法論など、さらには分類、整理、保管、教育普及活動に関する展示等の活用など）・(2)民具学史・(3)民具誌・(4)古文献・古文書等にかかわる文献民具学的分野・(5)絵巻、図絵、古写真等による絵画民具研究・(6)計測、実測、作図、写真撮影などの技術面での民具研究・(7)民具製作・(8)民具流通・(9)民具使用・(10)民具修繕・(11)民具貸借・(12)民具供養・(13)民具保管・(14)民具転用・(15)紀年銘民具・(16)民具展望・補助民具等、さまざまな民具研究のかかわりがある。

また、このような仕分けとは別に、(1)民具の地域研究・(2)モノグラフ的研究（局地的な精密調査を基本とした民具誌）・(3)個別的な民具の系統研究（周辺民族も含めた）・(4)技術史的な民具研究・(5)生産や生業を軸とした民具研究・(6)コレクションとしての民具研究・(7)実験、復元的な民具研究などさまざまな民具研究のジャンルがある。

さらには分類の一例として、文化庁でおこなった民俗文化財の分類にならい、(1)衣食住の民具・(2)生産、生業の民具・(3)交通、運輸、通信の民具・(4)交易の民具・(5)社会生活に関する民具・(6)信仰に関する民具・(7)民俗知識に関する民具・(8)民俗芸能に関する民具・(9)競技、娯楽、遊戯に関する民具・(10)人の一生に関する民具・(11)年中行事に関する民具というような分類を切りくちとした民具の調査、研究もある。

このように系統的な仕分けではないが、(1)民具の色彩・(2)民具の製作方法・(3)食の中でも調理に関するものだけをあつかうなど、さまざまな主題が設定でき、しかもこれらの仕分けは重なりあい、錯綜しあっているものが多い。

以上のように、研究対象としての民具のもつ側面は多様であり、その構図は複雑だといえる。また、民具の分類だけをみても、小坂広志、神野善治、潮田鉄雄などが独自の分類案を考えたものの、今日までのところ、分類のための分類に終わったきらいがあり、今後、実用化されていない点をどうするか、課題として残るし、活用が期待される。

(5) 伝統民具と現代民具――再度「民具の定義」について――

筆者は、これまで四回にわたって「民具の定義」（概念規定）について述べた経過がある。

その中で、最も共通理解をもてたのは、昭和五〇年以後、宮本馨太郎を座長とする「民具研究会」を継続的に開催した中で、大塚和義、大島暁雄、胡桃沢勘司と筆者の五名は、民具の概念（定義）について研究会をおこなった成果であった。

その詳細については拙著『伊豆相模の民具』中の「民具研究序説」にゆずるが、研究会のメンバーと討議を重ねた結果、民具の研究は、民具が機能していく時点でとらえることが重要であり、「民具とは、伝統的な素材を使ったものであるもの、伝統的な製作方法（手法）にのっとって製作されたもの、伝統的な使用に供する（使われかたをする）もので、このうちのいずれかを満足できるものをいう」と定義すればよいとの共通理解をもつに至った。

それは、伝統的な生活の場において使用され、あるいは活用されるモノということになる。わが国における伝統的な製作方法というのは、動力を使って機械を動かすことなく作り出されたもので、それは我が国古来の常民の営みを知り、また伝統的な営みの推移を見定めていくために可能なものといえる。

このような定義は、朝岡康二がいうように〈「民具」と称しているものは、おそらく、そこになんらかの「伝承性」を想定しているからである〉という見解と一致する。

他方、岩井宏實は「民具」が民具として成り立つためには四段階のプロセスが必要であるとの認識を示し、⑴創作・⑵共通の理解・⑶伝統的に共有・⑷慣行的な伝承をあげた。そして、この中でも「共通の理解」を重要視し、それに関して、「ブラックボックスでないものが民具たる必要条件である」と定義した。

それでは、機械工業製品中からブラックボックスと目されるものだけを除けば学術用語としての「民具」の定義に加えられるべきモノなのか。「物質文化」とはどこで区分すべきなのかなどの疑問も残る。しかし、筆者は本稿において、あえて民具の定義に関する見解を一つにしぼりこむことや、その是非曲直などにはふれない。というのは、どのような民具の定義を提唱されてもけっこうなことで、重要なことは民具研究の実質的な発展が望めれば、それが我々の目標の一つに結びつくからであり、さらに大切なのは、いかにその定義が支持されるかを見定めなければならないからである。

ただし、朝岡や筆者らのように「民具」の中に伝承性や伝統性を求める立場と、岩井の立場には、民具を定義するにも大きな見解のひらきがあるので、機械工業製品を含めて「民具」を見ていこうとする場合には、「現代民具」あるいは「近代民具」の枠と、「伝統民具」の枠に分け、二つの土俵の仕分けが必要になるということも考えられる。

（6）まとめ

もう一つ指摘し、明確にしておかなければならない点は、上述の如く「道具」と「民具」のちがいについてである。まず、「道具」という言葉は学術用語以前の一般的日常用語であり、「道具」というのは使っている本人自身が日常の暮らしの中で使う言葉であり、また、使うことができる「主体的」な言葉であるのに対して、「民具」は学術用語として造語された生いたちをもった言葉であるから「客体的」な言葉として使われるべき性質をもったものなのである。

以上のように道具と民具との使い分けを明確にし、「道具研究」と「民具研究」を仕分けすることを提案するのも民具学の構図の中の要件である。

また、近年に至り、「民具学的」あるいは「民具学的検討」という言葉の使われかたを多くきくが、「歴史学的」とか「民俗学的」とかいう言葉の使いかたは、学問の方法論に則った抽象化するルールにしたがっての研究になろう。しかし、「民具学」の立場は「学」とはいうものの、方法論が確立しているとはいえない現状にあるのだから、正確には「民具学的」という言葉はあたっていない。それは「博物館学」なども同例である。したがって「民具学風」としかいいようがないのではなかろうかとおもう。

以上のようなことは、若き民具学徒からすれば、「そんなことは、どうでもよいことだ…」と思われるかも知れないが、学会の中には、こういうような些細なことに関してもこだわりをもち、発言できる者も一人や二人はいなければいけないと思っている。そうでなければ「日本機械学会」に入会していれば済むことも多いのであるから。

参考文献

田辺　悟「民具の定義（概念規定）」『民俗学評論』第十五号　大塚民俗学会編　一九七六年

田辺　悟「民具学の方法」『物質文化』第二五号　立教大学　一九七五年

田辺　悟「釣鈎（ママ）の地域差研究」（民具研究の一方法として）。『海と民具』日本民具学会編　一九八七年

田辺　悟「民具展示の今日的意義と構成」『横須賀市博物館館報』第三一号　横須賀市博物館　一九七五年

田辺　悟「ミクロネシアの民具構造」『物質文化』第二八号　物質文化研究会　立教大学　一九七七年

田辺　悟・弥栄子『潮騒の島』（神島民俗誌）・光書房（三重県松阪）一九八〇年

田辺　悟「風土の中の民具伝統」（北小浦民具誌）・九学会連合日本の風土調査委員会編『日本の風土』

弘文堂　一九八五年
祖父江孝男・大給近達・中村俊亀智・大塚和義「物質文化研究の方法をめぐって」『国立民族学博物館研究報告』三巻二号　国立民族学博物館　一九七八年
天野　武『民具のみかた』第一法規　一九八三年
小谷方明『大阪の民具・民俗志』文化出版局　一九八二年
中村たかを『日本の民具』弘文堂　一九八一年
近藤雅樹「転用について」国立民族学博物館編集『民博通信』第五四号　一九九一年
田辺　悟「民具研究序説―民具学の方法・民具の定義―」『伊豆相模の民具』慶友社　一九七九年
神野善治「モノと情報―道具の体系論への試み―」『沼津市博物館紀要』第一一号　沼津市歴史民俗資料館（ほかに川崎市日本民家園や東京都羽村町史の事例など）一九八七年
木下　忠・朝岡康二・小川直之・中村ひろ子・山口　徹・田辺　悟「民具研究の動向」「民具マンスリー」第二二巻第一号　神奈川大学日本常民文化研究所編　一九八九年
朝岡康二「民俗学と民具研究」日本民俗学会『日本民俗学』第二〇〇号　一九九四年
岩井宏實「民具研究の軌跡と将来」『国立歴史民俗博物館研究報告』第三集　国立歴史民俗博物館　一九八四年

5　民俗学からみた民具学

日本民具学会が誕生する前の日本の民俗学会の様子をふり返えると、当時の民具研究者の中に、二つの考え方があったと思う。

その一つは、民具学会誕生を望む積極的な考え方で、日本常民文化研究所が「民具マンスリー」を通して会員におこなったアンケートに、すぐにでも日本民具学会を設立すべきであるという意見、立場である。

そして、他方においては、これまで通り、日本民俗学会の中で、民具研究は充分に継続していけるのだから、新しく学会を設立するほどのことはないとする慎重派の考えであった。

したがって、アンケートには、早急に学会を誕生させなくてもよいという立場で、反対の意見だけは表明しつつも、消極的にみられたグループである。

当時の大塚民俗学会（東京教育大学民俗学研究室）では、日本民俗学会が昭和五〇年（一九七五年）七月三〇日におこなった柳田國男生誕百年記念・国際セミナー第二部、記念研究発表会（共通テーマ「日本民俗学の課題」）のうち、「民具と生活」をうけ「昭和五〇年度・大塚民俗学会年会」を秋におこなうにあたり、「民俗学からみた物質文化」というテーマのシンポジウムを企画した。

そして、大会の冒頭、司会の佐野賢治から、テーマが選ばれた趣旨について説明があり、今年五月の委員会でシンポジウムのテーマを決める際、本テーマの他に「都市民俗学の可能性」・「教育と民俗」・「仏教民俗をめぐる諸問題」等の案が出されたが、書面によるアンケートの結果、選ばれたテーマだとの説明があった。このことは「日本民俗学会の課題（民具と生活）」とあわせて、当時の民俗学会における民具にかかわる関心の高さを示すもので、日本民俗学会の学会内においても民具研究は充分に継続可能であるとの証しでもあった。

なお、このシンポジウムでは湯川洋司が「民具研究の方法」について、

民具を研究する究極の目的はモノそのものにあるのではなく、民具を通して人間の活動や心意をとらえるところにあると考える。そして、そこに民俗学における民具研究の有効性がある。しかし、その目的に迫るための方法は、まだ充分なものとなっていない。ある一つの民具をとりだしてその民具に限り形態・分類などの比較から考察を試みる方法は行なわれてきたが、それでは解明できない点もある。また、従来民俗学の方法とされてきているものが、そのまま民具研究に適用できるかどうかの吟味も充分になされてきたとはいい難い。

と述べた。

以上の諸点を踏まえ、また米沢市六郷町にある遠藤民具館において過去四年の間、民具整理を経験する中で考えたことを土台として民具の調査、資料の体系化等の民具研究の方法に関して具体的に述べた。

また、同シンポジウムにおいて天野武は「民俗学における民具研究」というテーマで発表し、井之口章次による「民具について」を引用し、

（前略）民具研究は、まだ研究の歴史が浅く、理論態勢がほとんど出来上がっていない（中略）。民具学というような、独立科学としての可能性が、あるかどうかにも疑問がないわけではない（中略）。民具研究の場合にも、何れは物質文化研究を中心とする、独立科学としての体系が整うかもしれぬが、現状においては、民俗学を核として、考古学や技術史、文化史など、さまざまな学科の入会地で、そういう学科で従来見落としていた部分、重視されなかった部分をかき集めて、主たる研究領域にしようとしているのである。

たしかに従来の民俗学プロパーでは物質文化の究明は立ちおくれていたが、だからといって、今すぐに別の一科を創設しようとするのは早計のそしりをまぬがれない。むしろ民具研究の成果を民俗学の中に生かし、不備な点があれば修正してゆくことが、賢明な方途というべきではあるまいか。

というように、率直にして慎重な意見を述べた。この井之口の所見では民具研究を民俗学やエス

ノロジーの補助とするようにうかがわれるが、いわゆる精神文化を強調する民俗学者や研究者からもほぼ同様の支持が与えられるものだと考えられると天野は紹介した。

こうした昭和五〇年という「民具学会」の誕生前夜ともいえる年に、筆者は以下の二題について発表した。

第一は、同年の大塚民俗学会のシンポジウムでおこなった「民俗学からみた物質文化」における「民具の定義（概念規定）」についてである。第二は日本民俗学会が昭和五〇年（一九七五年）七月におこなった柳田國男生誕百年記念の記念研究発表会（共通テーマ「日本民俗学の課題」）のうち「民具と生活」部門における「民具研究と民俗学―北小浦における民具と生活―」である。なお、第一については省略し、第二の発表内容についてのみ以下（二一九頁以降を参照）に掲げたい。

6　民具の定義

(1) 物質文化—民具—

「モノ」を研究するには、いろいろな分野や調べかたがある。「モノ」は広い意味で物質文化として研究できるし、工学的に、工芸的に、また民俗学における民具研究というように多彩にとらえられてきた。

昨今、民具ということばが学術用語的に使われたり、かなり普及した結果、逆に民具というものについてもいろいろな見方や考え方がなされ、モノをすべて民具とみたり、モノの一部に限定してみるなど研究者の間にも統一的な見解はなく、バラバラにとらえているといった現状で、それは民具研究にとって大きな問題であり、早急になんとかしなければならない点でもある。そこで本稿においては民具の定義または概念規定について再度、述べてみたい。

まず最初に断っておくべきことは、本稿でいう「民具」とは、日本民俗学の立場において研究を行なう対象としての民具という、ごく限定された範囲での意味であるということだ。

日本民俗学会では、いままで精神文化に対する物質文化という見方があった。それはモノというようなとらえ方でよいと思うが、民具ということばにおきかえても差し支えないだろう。いま、民俗学における民具研究というところに焦点を絞って考えると、やはり、いままでは精神文化についてはかなり研究がなされ、それなりの成果もあったが、それに対して物質文化やモノの研究は立遅れの感があることは事実である。これからの民俗学研究における民具の研究（物質文化研究）は、精神文化の研究と同じようなウエイトをもって研究がなされなければならないであろう。

（2）民具について

これまで「民具を研究してなにがわかるのか」という問に対し、諸先学の答は「過去を具体的に理解する」、または「出来る」ということ、「民具をもとにして民衆生活（暮らし）を復元する」ということにとどまってきた。しかし、これからの民具研究は一歩前進して、民具を研究に用いて「文化変容の推移を理解する」ことまで踏み込んでいくことが必要であろう。それは、民具研究をおこなうことによって、何が、どのようにわかるかということを具体的に示すことが最も大切なためだ。

民具を研究することにより、人間が暮らしてきた足どりを具体的に知ることができ、その暮らしは自然的、地理的条件（広い意味での環境・風土）によって規定されてきた「自然とのかかわりあいによる規定のされかたの類型」を理解できるなどの点は、あたりまえともいえることである。そして、その結果をもとに、人間はどのような生きかた、また、いかなる暮らしかたをすることが理想的であるかを考える。そのために民具研究が重要な役割をはたすのであれば、研究の成果をより抽象化し、一定の法則をみちびきだしていく努力をしなければならないはずである。具体的に民具を用いて文化変容の推移を知るためにはどうしたらよいだろうか。それを知るにはまず民具を構造的に把握することが第一であろう。

かつて澁澤敬三により民具の構造的なとらえかたが提唱されたことがあった。磯貝勇が「民具マンスリー」の二巻二号に「文化構造における分子構造理論」として紹介されたメチル・アルコールとエチール・アルコールとの構造的な見方を民具研究にあてはめようとするのがそれであったが、この考え方は決して新しい発想とはいえない。

というのも、それは「構造言語学」の音韻論と同じ考え方で、構造とはいいながらも平面的であり、立体的な段階にまで高められていないといってよいであろう。音韻論によれば、言語はその最小の構成単位である音素のさまざまな組み合わせからなっており、しかも音素の結合の仕方には、それぞれの言語体系に独自の法則が存在しているとみる。レヴィ・ストロースはこのような構造言語学における音素の概念を神話学にもちこみ、神話がいくつかの神話素の組み合わせからなっていることを指摘して、神話素の結合の仕方の分析をおこなった。

民具研究の場合も、これと同じことが云えよう。それは個体が民具体系（生活体系）全体から見たばあい、一つの用にたりうるという意味で「用素」として存するものである。これを即ち個々の民具の側から見た場合、それらの用素がどのような「生活体系」の一部としてつくり出されたのか、また、自然的条件や、歴史・社会的な背景が異なったそれぞれの地域の物質文化要素を成立させている体系を形成するための用素たりうるかを考えていく。その結果、用素としての民具の結合の仕方によって物質文化を形成し、地域文化の特色を形づくる法則性を探り出すという見解をもつことができる。このことは澁澤のいう構造的な見方、考え方と同じではないのか。

民具の構造的把握をおこなう場合には、民具と民具との絡みあいや結合のほかに、民具と自然との結びつきがあり、さらに民具を製作したり、使用したりする技術や人と人との結びつきがある。したがって澁澤が提唱したような、あるいは構造言語学でいわれるような構造論では、民具をとおして生活や文化の骨組みをみていくのに多くの難点があるのではないだろうか。

柳田國男は『北小浦民俗誌』の中で「佐渡の海府の世に遠い一つの小浦に、私たちが興味を寄せ、是からもなほ近づいて詳しく知りたいと念ずるわけは、爰が日本の海村の代表的な例で無く、従って住民自らが外を学んで、類推によって次第に理解し得るような単純な成立をもって居ないからで、少しく誇張すれば日本といふ国の世界に於ける立場にも似通うた点がありさうなのに心を引かれるからである」と述べているが、このように小さくても単純ではない村の生活や文化の骨組みを、民具をとおしてみていくことだけでも容易なことではない。従って、立体的で構造的なとらえかたや調査の方法について、また結果のまとめかたについては、よほど目的を明確にしてから始めなければならないといえる。

しかし特定項目に目標を据えたからといって、他を割愛したり捨象したりすることは許されまい。例えば「生業」を主軸として民具の構造化を立体的に見ていこうとしても、生業が変化し、その面での生活が変わったから、あるいは変わっているからといって、他地域と比較して文化の骨組みが異なるといいきることはできないだろう。

たしかに過去において、人間として基本的な生活の営みは、主食をはじめとする生活必需品を自給することにあった。しかし、自給的な面での「生活文化」の移り変わりや、変容の要素（素材）を見定めていくことのほかに、生活文化の伝統をもあわせて見ていかなければならない。それには民具研究といえども精神文化の面をあわせて知る必要がある。物質文化、精神文化という分け方は研究をしていく上の便宜的なもので、湯川洋司が「民俗学からみた物質文化」（昭和五〇年度大塚民俗学会年会シンポジウム）で述べたように、「従来民俗学では精神文化と物質文化というように二分するような考え方があった。が、そもそもそういった考え方自体にどこか問題があるように思われる。それは調査をする、あるいはそれを整理するというような便宜上は非常に有効かもしれないが、はたして実際の民俗というものを二分して考えることができるかどうか。だから民具の調査においても、形として目に見えるものだけを調査すればいいというものではない。たとえば儀礼に民具が使われ、祭具に民具が使われているということは、そもそも、祭りというような精神文化に入る領域と、民具と呼ばれる物質文化の領域に入るものとが結局は二分できない。要するに一体となって民俗学に収斂されてゆくものなのである。このように考えれば、玩具の例もおのずからはっきりするわけだ。つまり、それも民俗学では遊びという分野があってその調査、研究についても聞書きのようなことだけでは十分でないのはもちろんで、そこにおいて玩具というような目に見えるものもあわせて調査していくことによってはじめてよく理解できるのではないか。そういうように不可分の関係にあるからして民俗学の一つの目標のもとにその二つ、すなわち精神文化と物質文化という二つは合わされていくべきだ」といえる。やはり究極においては一つの目的に迫るための手立てと考えるべきものであるといえよう。したがって民具研究者による「民具誌」だけではその努力も徒労に帰し、真の意味で民具をとおしての生活文化の解明にはならないといえるのではなかろうか。

それ故、民俗学における民具研究者は民具だけの問題ではなく民具に、ついてまわる民俗（文化）というものを包含して調査・研究をおこなわなければならない。民具を調べても、モノ（民具）に溺れてはならないと思う。モノだけが移動しても、それだけで文化が伝播したということにはならないからである。それは椰子の実が流れついても椰子文化は流れてこなかったという自然的、地理的諸条件をもう一度みなおしてみれば理解されよう。

しかし、他方において民具の研究は、その成果を他と比較することにより、さらに発展させることができる。それは地域研究の場合、必須の条件であるとも云える。その結果、普遍性はなにか、特殊性はなにかを見定めながら物質文化にささえられ、つちかわれてきたところの人間生活の足どりを見極めつつ、その中に法則を探ろうと努める。したがって民具の地域研究の域では、素材すなわち民俗誌学の段階にすぎず、それは限定された人々にしか満足されない。民俗学における民具研究は、総合研究の地域比較がなされなければならないであろう。逆に単なる民具の系統的研究（特定研究）も民俗学とはいいがたく、それは民具研究の域に終るであろう。

だが、民俗学における民具研究は、総合研究の比較を前提としており、それは生活に使われ、役に立ったモノを通して人間と風土とのかかわりあいを明らかにする中で、これまで営なまれてきた暮らしの中に、その所産である文化の源流や伝統を見定めることにある。

それ故、総合研究と云えども、全領域を網羅したところの研究を指すものではない。それは本質に於て総合的であり基本的であって他地域との比較に耐えうるもの、比較が可能なものであればよいと云えるのではないか。例えば、レヴィ・ストロースにならって「料理」という事例をあげてみれば、「料理は、言語と同じく人類に固有で、しかも普遍的なものであり」、「主食の料理」「副食の料理」をするための材料を手に入れるまでに必要な民具、そして材料を料理するために必要な民具、できあがったものを食べるための民具をはじめ、料理以外に食卓にあがる嗜好品に関係する民具などを系統的、構造的に調べ、焼畑を主として生活する村や、海とかかわりあいをもって生活してきた村というように互いに比較していく中で食生活に関する文化の異なる点だけを抽出するのでなく、物質文化の基本的な問題を考えていけば、それは我が国だけの比較にとどまらず、周辺諸民族との比較をおこなうことにも耐えうる研究になるであろう。

(3) 物質文化学

民俗学研究者の中にも「物質文化」と「民具」とは、その概念において同等なものか、あるいはちがうものかという疑問や質問がある。そこで、次にこのような疑問に対しても答えておく必要がある。

物質文化という意味は非常に広い範囲で考えられる。今日までの学問の成果や枠組といった範疇からみれば、民俗学において扱っている民具・道具・用具というものもあれば、考古学でいう出土遺物というようなものもある。またエスノロジーで扱っている民族資料というもの、これらはすべて広い意味の物質文化というように考えてよいだろう。

そういう点では民具学とか民具研究という表現のほかに、もっと広いくくり方をすれば、物質文化学というようなものがあってもよいことになる。(本書「民具学の構図」一八四頁参照)。

一つの出土遺物をみる場合、それを考古学サイドからみる観点のほかに、民俗学サイド、民具学サイドからみていくことができる。例えば伊豆で昭和二五年に発掘され、現在、国の重要有形民俗文化財に指定されている山木遺跡の木器類など(生産・生活用具二三九点)は考古資料としてではなく、民俗資料として指定されているという意味では、「国民の生活の推移を理解するために欠くことのできないもの」という意味での視点があったと考えてよいと思われる。この場合、あくまでも出てきた木器類というのは、埋蔵されていた文化財が考古学徒により考古学的手法によって発掘された遺物であるが、指定の段階でこれが民俗資料になったというのは、ある面では民俗的な意味もひじょうに重要だという観点があったのではないかと思われる。

以上のように、同じ木器というものも考古学サイドからは遺物とし、考古資料としてみることができるが、民俗学サイドからみた場合は民具としてみることができるわけである。旧廃民具とよばれる言葉があるように、昔作られ使われ、そして土の中に埋まって現在まで残ったというような類、それは広い意味では物質文化（遺物）ということでとらえてよいのではないか、というような一面がある。

それ故、民具学というようなジャンルも、考古学サイド、あるいは民俗学サイド、いろいろな側面から考えてゆくならば「民具学会」というよりも「物質文化学会」といってしまって、物質文化すべてを研究してゆくような立場も考えられないことはなかろう。そういう面では物質文化の中のある一部分を限定して民具というように考えてよいのではなかろうか。

また平山和彦が指摘するように「民俗学からみた物質文化という観点からすると、直接的研究分野としては田下駄、大足といったものは考古学で扱い、民俗学とすれば、それを参考資料にするということになると思う」という意見もあり、要するに民具という概念の中には含まれるとしても、民俗学的な民具研究では、やはり出土品などを含めるのはあまり広すぎないかとする発言もある。

だが、田下駄を例にとれば、近年まだ使用されてきたものもある。また、前述の如く山木遺跡からも弥生時代後期のものが出土している。やはり、民具を考えていく場合には、以前に作られ使われ現在なくなってしまったもの、それから、以前に作られ使われ現在でも継続して残っているもの、また、以前に作られ使われ現在もあって、これからも続いていくだろうというようなものを考えあわせる必要があろう。このように田下駄の場合は、一部の地域では廃棄されてしまったが、他地域ではそれが近年までも引続いて使われていたという性質のものである。そういう点ではこれを民具として考えてよいし、そのたぐいのモノを民俗学における民具研究の中で扱っていくべきであると思う。

山木遺跡の生産・生活用具は弥生時代後期の生活を知る資料として貴重であると共に、また後世の生産用具や生活用具との関連を知るために重要であるという二重の性格を含んでいる。

(4) 定義を考える

広い意味で物質文化としてとらえられるもののうち、一部分を民具として限定してもよいのではないかということは上述の通りであるが、それでは民俗学における民具研究であつかわれる民具というものの概念をどう規定したらよいかを次に考えてみたい。

大島暁雄は日本民俗学会談話会で民具の概念について、常民の生活史を解明するという前提あるいは側面をもったものは民具というように考えてよいのではないかと述べ、鍬を例にとってみても、民具の持つ形態・機能をみていけば、わが国における常民について知ること、解明できる部分があるとした。さらに民具の、民俗学的な民具研究における位置づけを明確にすべき必要があるという前提をもちながらも、これは民具、これは民具でないという仕分けではなく「民具性」という概念でとらえることができないかという問題を提起した。また民具の概念は、民具をどう研究するかという対象の変化にともなって概念も変化してよく、中村俊亀智（たかを）は、民具を使用時に用具論的にとらえるのも一方法であるとしている。それは民具が生まれた時の要請に応じて、また社会の要請により使用された点に力点をおく必要があることや、現在学的に今日の時点で民具をとらえ研究するためにも大切なことであると述べている。

これまでにも民具の定義については、諸先学によって論議されてきたことを前掲「民具学の方法」（一三六頁参照）において述べた。

だが残念なことに、澁澤敬三が中心となり、早川孝太郎、高橋文太郎、櫻田勝徳、磯貝勇、宮本馨太郎、小川徹、村上清文らのアチック・ミューゼアム同人により昭和一一年に刊行された『民具蒐集調査要目』に、民具は「我々同胞が日常生活の必要から技術的に作り出した身邊卑近の道具」という共通理解をもった概念をたてた以後は、個人的見解による民具の定義なり概念で、研究者相互の共通理解に欠けるものが多いことはたしかである。

それでは民具はどのように概念規定していけばよいのだろうか。宮本馨太郎を座長とする「民具研究会」（前掲一一三頁参照）のメンバーによる話し合いでは、これまでの概念規定があまりにもモノ（民具）にこだわりすぎた点が指摘された。例えば製作目的なり、製作過程がそれである。また民具の使用日的には多用性のあることも認めないわけにはいかない。天野武が指摘するように、民具の中には転用されるものも多い。

以上のような点をも考慮すると、民具が機能していく時点でとらえていくことが重要になる。その結果、「民具とは伝統的な素材であるもの、伝統的な製作方法（手法）によるもの、伝統的な使われかたをするもので、このうちの、いずれかを満足できるものを民具と定義すればよい」のではないかとの共通理解をもつに至った。

したがって伝統的な製作方法とは、伝統的な道具を使用して、伝統的な形態のモノを作りあげることでもあり、伝統的形態のモノを作ることは、それを使用する使い手を重視することに通ずることにもなる。このように考えれば、民具に対して古民具、新民具に対して伝統民具という仕分けも必要でなくなる。また、これまで民具と施設、あるいは民具と設備などについて統一的な見解や共通理解があるとはいえなかったが、この点については、物質文化の民俗学的研究という立場にたてば、一括して考えてよいのではないか、むしろ問題となるのは、伝統的生活あるいは「伝統的」という言葉をどのように捉えるかである。

伝統的という意味はいろいろな解釈ができる。簡単に考えれば親から子に、子から孫にという説明もできる。また、大きく日本文化の伝統、あるいは一地方の伝統、あるいは村の伝統、家の伝統など、そのくくりかたにはそれぞれあると思われる。だが伝統性という問題は相対的な対置概念で押えていかなければならない点もありうる。問題によっては単に日本だけをみて伝統性といったのでは解決できないものもあり、相対的な意味で他と比較して、これが伝統性だというような見定め方をしていかなければうまく浮き彫りにできないこともある。例えば日本で稲作が行われて以来、米の飯を食うというような意味で米を加工していく過程で必要な民具のセットがあるのと同じように、他地域の食制をみていけば米を食わずに麦を主食にして生活しているところもあり、麦を加工するための民具のセットがある。そして、その伝統性があるはずである。椰子の実やパン果（パンの木の果実）、タロイモだけしかとれない南島では椰子の実等を加工してそれを食べていくという、やはり地域的な食制の伝統というものがあるわけで、そういう意味での相対的な対置概念で押えていかなければ問題解決にならない伝統性というものの捉えかたもある。

だが、一般的には、ある一定の時間的経過があれば、それを伝統と考えてもよいのではなかろうか。民具の定義における場合は、つみあげのあることをもって伝統的と考えるべきであろう。

もとより松にしろ竹にしろわが国を代表する植生としてあったものではなく、外来種であったものが定着し、今では松、竹が日本を代表する一景観となったばかりか、民俗生活においても切りはなすことのできない植物要素である。宮本馨太郎が『民具入門』において「竹の民具」について語ったように、現在、わが国の物質文化の一部を「竹の文化」と表現しても否定するものはあるまい。それは時間的経過があるためで、宮嶋秀が「民具に見る日本人の性格」の中で述べたように、植物資材がそれを作り使う時間的経過のなかで社会的性格の形成にも影響を与えるにまで至ることもみのがせない。このような時間的経過のつみあげは対象によって長短軽重のちがいはあるが、それを伝統とおきかえてもよいであろう。

以上、民具の概念規定について「民具研究会」で共通理解のもてた部分について述べてきた。少なくとも民具を研究するためには研究の目的が明確であり、「我々は民具を研究することにより、何をどのようにするために民具に対して概念規定（定義）をこう定めた」という前提がなければならないが、その大枠は「民俗学における民具研究」という扱いであったことを再確認しておきたい。

しかし、日本民具学会が誕生してから三五年も経過した今日においては、「民具学における民具の定義」としての共通理解であるということにもなる。

7　民具研究と民俗学――北小浦における民具と生活――

柳田國男によってまとめられた海村に関する記念碑的民俗誌ともいわれる『北小浦民俗誌』は、海とかかわりのある村の生活と民具を記載した「民具誌」としての内容も含んでおり、民具研究サイドからみても大きな遺産である。

これまで一般の民俗誌がどちらかといえば第一次資料に基づいてまとめられ、そのあとで全国的資料との比較、検討により第二次資料化されてきたのに対して、『北小浦民俗誌』の場合は、前提として柳田國男自身が第二次的比較資料ともいえる豊富な全国的資料を手許に蓄えており、それに北小浦の第一次資料を含めて民俗誌（民具誌）をまとめあげ、さらに地元の人々をはじめとする第三者が全国的な資料と比較していけるような配慮をしている点に特色がある。

このような特色をもたせつつ「海と海ばたの村の生活」について民具と生活を主軸にまとめあげられた『北小浦民俗誌』の舞台は、昭和五〇年、両津市内海府支所の住民票によれば、世帯数三四、人口一五四人（男七五、女七九）の小村にすぎないが、今後とも民具と生活とのかかわりを考え、研究していく上で古典的な村であり、フィルドであるといえよう。

本稿は、この民俗誌の中に「民具と生活」との深いかかわりあいをみいだしつつ柳田國男の業績をベースに、北小浦の民具に関する調査をおこなった結果と比較しつつ、柳田が「民具と生活」についてどれほど深遠な意義のある民俗誌をまとめたかについて具体的に述べるとともに、北小浦を例に、今後あるべき民俗学における民具研究と生活に関する研究のありかた、及び〈民俗誌〉のまとめかたについて私見の一端を述べたい。したがって、拙稿は北小蒲における民具調査の事例、または結果や考察について述べるものではない。

第一に、昭和四九年（一九七四年）の秋に行なわれた第一回民具研究講座以来、『民具学会』設立の動きがあり、民具学なるものを進めていくためには、これまでの〈民俗誌〉から〈民具誌〉をあんでいくことが急務であるようにいわれているところに焦点をあわせてみたい。

現在のところ民具学の目標は明確なものになっているようには受けとれないが、民具研究という側面は大きく二つに分けてみることができよう。その第一は北小浦というような村の民具と生活を具体的でしかも詳細に調査し、〈民俗誌〉をより充実したものにすることを前提として「生活面、伝承面での研究」をおこなおうとする民俗学的側面のものである。

そして第二は、同じ民具研究でも民俗学とは目的をやや異にする物質文化研究としての色彩が濃厚なものである。それは民具のもつ形態・機能といったものをテーマとするような「機能面、技術面での研究」を主軸にしたもので、技術面でも技術伝承というよりは技術史的な側面に力点

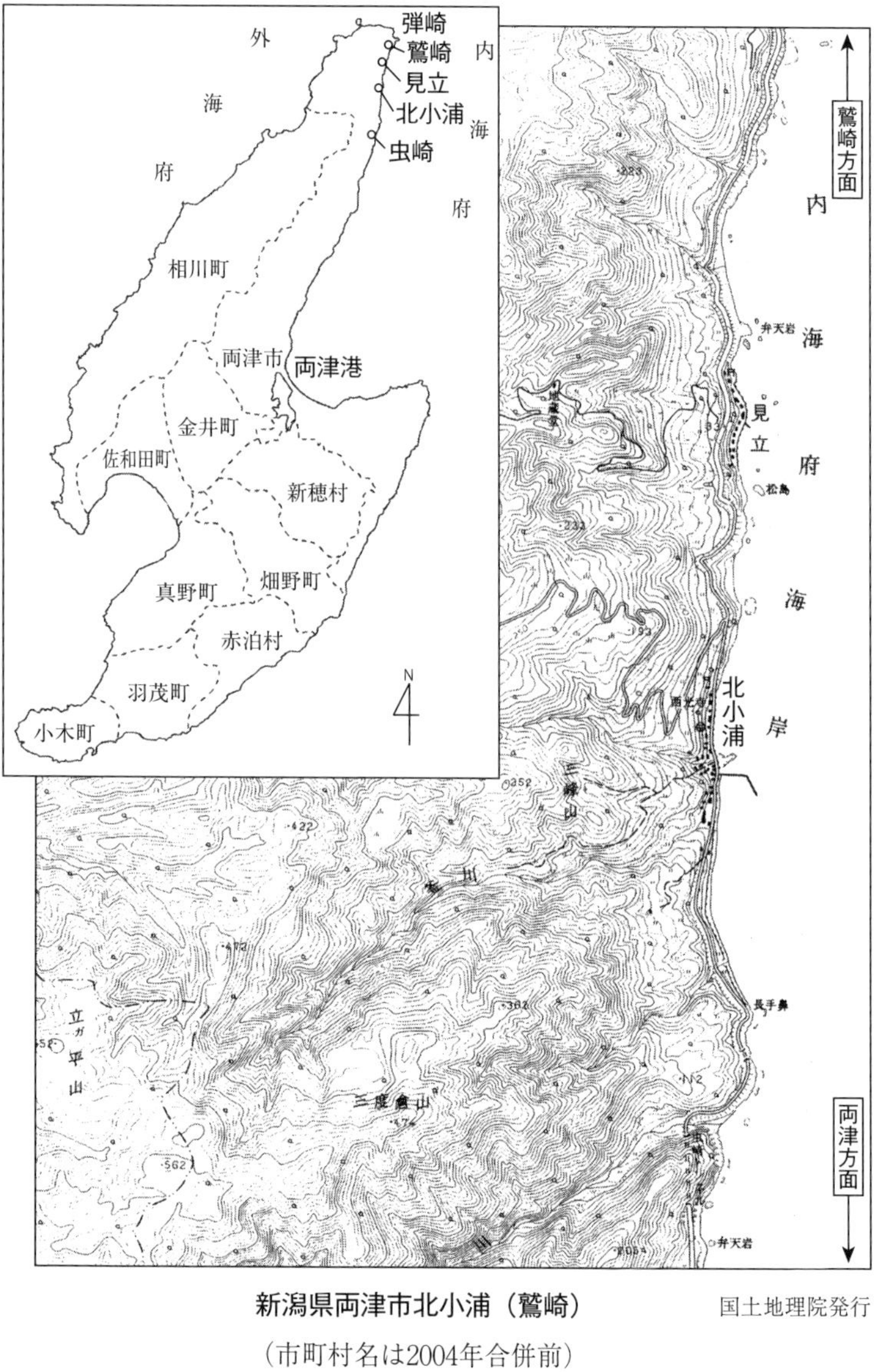

新潟県両津市北小浦（鷲崎）　国土地理院発行
（市町村名は2004年合併前）

をおいたものなどである。

さきに述べた民具学会の設立は、これまでの考古資料・民具資料をも含めた広義の物質文化研究が主であるように思われる。したがって『物質文化学』(1)とでも呼んだ方が適当であるように思われ、我々としても紛らわしさがない。

というのも、民具の調査研究が日本民俗学とまったく無縁の関係にあれば民具学会なるものが設立されても、されなくても一向にかまわないが、今日の日本民俗学の課題でもあるように、民具や生活の研究が我々の学問と深いつながりをもち、研究の一分野が共通であるだけに、このような動きに無関心ではいられないし、民俗学的側面における民具研究の位置づけやその方法についても共通の理解を深めていく必要があろう。

ところで、民具研究の側面を第一、第二とあげたうち、民俗学研究者として問題としなければならない第一の民具を生活面・伝承面で調べていく側に立ってみると、今日急務とまで指摘されてきた〈民俗誌〉にかわって、〈民具誌〉を独立してあみあげなければならない理由はどこにもないように思われる。ただ必要なことは、欠けている民具面をどう補塡するかという問題にすぎないといいえる。

以下、このことを第一点として北小浦を例に述べる。

柳田によってまとめられた『北小浦民俗誌』は〈民具誌〉としての大きな側面をもそなえてお

り、その意味で大きな遺産であるとしたのほ、筆者が北小浦で調査した民具数が生業を中心として一五〇件、全体でおよそ二〇〇件であったものに対して、『北小浦民俗誌』中にはおよそ四〇件の民具に関する具体的な名称の記載がある点に注目したためである。（本民俗誌は昭和二二年〔一九四七年〕に急逝した倉田一郎の残された採集手帳をもとに柳田が昭和二四年〔一九四九年〕に執筆、刊行した。）

さらに内容を分析すれば、『北小浦民俗誌』の中にみえる漁撈関係用具は約三〇件、農耕、山樵・炭焼きなどに関するもの約一〇件という内訳だが、筆者が民具に力点をおいて漁撈関係用具を調査した結果が三五件であったことから、前掲書がいかに民具をとおしての生活に力点をおいて記載しているかを垣間見ることができる。

この点、柳田自身も「漁業の諸問題だけは、彼が活きて居て自ら筆を執つたとしても、多分は斯う書いたであろうという所まで、持って来ることができた(2)」と述べ、また、他の部分については「村の背後に横たわる、山と耕地の現状に至っては、私の想像はなお甚だ貧しい(3)」と述べられたように、筆者が調査した耕作用具・管理用具・収穫調整用具等三二件、炭焼き用具・山樵用具・搬出用具等二三件の合計五五件のところ、前掲書の記載は約一〇件と少ない。

これは柳田が書きたくてもフィルドノートに記載された調査結果の欠漏からできなかったためとみられよう。

したがって、漁撈に関する民具の記載が微細にわたっていることは、この民俗誌をあむにあたっては、民具にもかなりの関心と注意がはらわれていた結果であるとみられる。

筆者が調査した民具は前掲のものの他に醸造・製造用具七件、保存加工用具七件、その他、飼育用具・機織用具・製糸用具・炊事用具・調理調整用具・飲食器具・嗜好品用具・結髪化粧用具・貯蔵用具・信仰用具・服物など約二〇〇件におよび、裁縫用具や洗濯用具なども含めればそれ以上になる。

ただ、前掲書にみられる民具の記載は名称等に関しては明確でも、表面的・断片的なきらいがある。それは、民具を主軸にすえて民俗をみていこうとする立場に立脚し、その側面を強調的にみたばあいに種々の問題をかかえていることになる。

これまでの成果によれば、民具研究においても心意・社会・民俗伝承それぞれの側面をみることがなされてきた。

前掲書の場合、民具の名称・形態・機能（用途）などの民俗伝承についてはふれているが、素材（材質）、製作時期や場所、入手方法その他色彩や計測などについては触れられていない。

民具を取扱う場合は、名称は同じであっても形態が異なるものや、その逆の場合もあり、製作方法が異なるものもある。また、長さなどをより詳細に計測し、資料を図式化・具体化する必要がある。さらに民具を生活面でみていくにしても形態・機能・技術（使用方法）などの研究と無縁ではない。

したがって、後日、遠近の資料と比較するための資料としていくための民俗誌であれば、よりきめこまかな点について具体的に補塡していけば、いわゆる〈民具誌〉をも包含したところの〈民俗誌〉をあみあげていくことができるわけで、この可能性を求めれば、より具体的にしかも系統的に民俗を理解することが可能になる。

次に第二点として、北小浦を例に民俗学における民具研究と生活に関する研究の今後あるべき方向について述べてみたい。

〈民俗誌〉といっても目的によっていろいろのあみかたがある。

前述のごとく一般の民俗誌は第一次資料に基づいてまとめられ、そのあとで全国的資料との比較・検討により第二次資料化されていくものが多い。

『北小浦民俗誌』のばあいは記載のしかたに特色はあるが、「土地の実例を記述し、他日遠近の各地と比較する」[4]という柳田流儀によるものも本質的には一般の民俗誌と変るところがない。ただ、これまでの民俗誌は「事実の集積の中からある種の形跡をみいだし、それをもとに過去を想像する」という方法がとられてきた。しかし、事実の集積が可能であれば、それを足がかりとして想像するのではなく、実証できなければならないといえる。

これまでの民俗誌における欠陥の一つはこの点にあるといえよう。すなわち、これまでの民俗誌は実証性に欠けていたし、それはとりもなおさず学としての科学性に欠けていたということがいえるのではなかろうか。

この点について卑近な例をひいてみたい。筆者は『北小浦民俗誌』の中に記載された事実中に客観的に抽象化されていない部分が多いことに気をとめながら、他方、マリノフスキー（Bronislaw Kasper Malinowski）の著した〈民族誌〉[5]のあみかたに注目してきた。マリノフスキーの場合、仮説を実証し検証するために野外調査をおこない、そのために〈民族誌〉をまとめあげてきた。

だが残念なことに、われわれの学問は、まだそこまで求められない点がある。われわれは、「ある理論を出発点として、これを野外調査を通して検証しょうとする」側面が少なく、逆に野外調査であつめたデータをたよりに民俗誌をあみ、その中からある理論や方法、法則性をみいだそうとしており、それは手さぐりの段階にとどまっているともいえる。

したがって、今後、民俗学における民具研究と生活に関する研究は一体となることは無論のこと、さらに目的を具体的かつ明確にしたうえで野外調査を実施していくべきであろう。

日本民俗学における民具研究の基本であり出発点は、柳田もいったように、過去に生きた庶民がどのような道具を使って生活したか、どのような考えをもち、心もちで生活したかをよりよく知るためである。このように過去に生きた人々を「よりよく知る」ための一つの研究が民具を対象とするものである。したがって民俗学の研究分野における民具研究は民具を対象として研究をし、民具と四つに組みながらも、その民具をとおして過去の人々の生活実態や心意現象を知ることにあると位置づけるべきであろう。それは単に生活文化の解明という意味以上に広く深い目的をもっている。

したがって、「民具の鍬一点を実測するために最低一日はかかる」[6]というような計測のしかたは、その目的がいかなる点にあるのか、あるいは比喩にすぎないのかしれないが、民俗学サイドにおける民具研究で比較研究（系統研究）のための基本資料を得るための調査でも実際的にそれだけの時間をかけることはできないし、地域研究のためにも、ごく特殊な研究以外にはそれほど厳密な計測がどうして必要になるのかは、目的を明確にされたうえで記載されなければ理解しにくい。著者の意図が真に民俗学の領域における民具調査であり計測であれば、逆に、それはなんの目的のために一日に一本の鍬を計測するのかを明確にすべきではないのか。思うに民具研究を民俗学としておこなうのではなく物質文化（学）研究と混同しているのではないのだろうか。

今後、日本民俗学における民具研究は、これまで積み上げられてきた民具研究の業績をふまえていかなければならないことは無論である。が、それが若い学問であるだけに共通理解に欠ける点やまだ概念規定のなされていない分野や課題も多い。

例えば、これまで特定地域における民具研究は「セット」でとらえていくことが提唱され一般化されてきたが、「セット」を「民具群」として平面的にとらえる場合と構造的に立体的にとらえようとする場合では「セット」という用語そのものに解釈のひらきがそうとうでてくることになるだろう。

北小浦のばあい、稲作関係用具二四種の民具の組み合わせにより水稲栽培が行なわれてきた。それらの民具を農作業と稲作及び脱穀・調整等の関係でみれば次のごとくである。

まず、水田へ肥料を運搬するために人糞を入れる「ナガダル」と「フリジャク」、それを背負うための「ニナワ」（ニノウ）と背中あての「セーゴジ」（セナゴジ）がセットとしてある。そして水田の荒おこしを行なうための「マグワ」、田の畔を土どめしたり、水田をならすための「ヒラグワ」、肥料を踏み込む「オオアシ」、田植えをする際に苗を入れる「ボボカゴ」、縄植えをする「ナワ」、畔の草刈りや収穫時に稲刈りをおこなうための「草刈りガマ」、刈りとった稲を運ぶ「ニナワ」、「セーゴジ」、乾燥するための施設としての「ハゼ」などがある。

その他、脱穀・調整用具として「コキハシ」、「木臼」と「ヨコギネ」、「箕」、「セイロ」、「トウミ」、「タタキボウ」、「モミスリウス」、「カマス」、「イッピョウウス」、「ヨコギネ」、「コメッキワ」、「モミトウシ」、「トウミ」などが使用される。（二三六頁以下参照）

以上は紙幅の関係もあるので名称のみを列挙したにすぎないが、これらの民具は稲作関係だけを考え、その範囲での問題設定をおこなったのであれば民具群、いわゆる「セット」とみることができないわけでもない。

しかし、農耕（業）関係用具というように、さらに広い範囲での問題設定を行なっての「セット」ということになれば前述の民具群は稲作に関するものだけであり、畑作関係用具についてはまったく触れていないことになる。

北小浦における畑作の主なものは大麦・小麦・蕎麦・大豆・小豆・稗・黍などであり、それに大根をはじめとする自家消費用の蔬菜づくりと麻・綿づくりがある。

畑作の一例として麦つくりの民具群をみれば次の通りである。

まず、畑の畝づくりや畝あげ、シタゴエ入れのために使用される鍬は「ヒラグワ」である。種播きの時は特に民具は使わないようであるが、三月頃になって草とり作業をする際に「草刈りガマ」を使い、施肥・追肥のときには「ナガオケ」、「フリジャク」、運搬するための「ニナワ」（ニノウ）、「セーゴジ」（セナゴジ）を使う。（二四三頁参照）

収穫の刈り入れは「草刈りガマ」で刈りとり、稲と同じようにハゼに掛けて乾燥する。そのあと脱穀するために「雨戸」を敷き、その上に「石臼」（粉挽用の臼）をのせて、臼をたたくようにしながら麦の穂をおとす。小麦の時はそのあと「ベーヅチ」を使ってたたくが、大麦の脱穀には使用しない。

さらに「ウス」と「ヨコギネ」を使ってつきながら「トウミ」、「トウシ」、「モミトウシ」などの民具が使われる。そのあと「タテウス」と「ヨコギネ」で麦つきをおこない「ミ」で篩《ふる》うようにしながら「カマス」に入れて保存する。乾燥するためには「ムシロ」も使われ、「大鍋」を使って煮る。

以上のごとく畑作関係の麦つくりに関する民具をみても約二〇種の民具が使用されることになる。これらの民具群は当然のことながら稲作関係で使用される民具群と重複することは無論のこと、他の畑作関係の栽培・運搬等に関する民具とも重複してくる。

このように民具をセットでとらえようとする場合には特定の地域全体（例えば旧藩時代の村全体）としてみる場合もあり、さらに「大字、小字」というような地域的な単位でとらえる方法もある。他方、生業全体をまとめて見ていこうとする場合もあれば、個別的に生業をセットとして見ていく方法もある。これは生業ばかりでなく信仰生活に関する民具をはじめ、その他の分野においても同じである。

とすれば「民具群」あるいは「民具のセット化」ということについても、もう少し厳密な意味での概念規定や共通理解が必要になる。

現段階における民具研究の状態は平面的に民具をセットでとらえるようにはなったといえ、意図的・計画的に整理されているとはいえない。したがって、今後は平面的な「セット」から立体的な「構造的把握」をおこなっていくための努力がなされなければならないであろう。それは使用している民具、あるいは過去において使用された民具をも含めて、それらの民具により、なりたっていた暮らしかたの仕組みを具体的にみていくことである。生活と民具とのかかわりのほかに、民具とそれをとりまき、つくりあげてきた環境的諸条件との結びつきをも構造的に明らかにしていくことでもある。

かつて澁澤敬三により民具の構造的なとらえかたが提唱されたことがあった。(7)しかし、澁澤によるメチル・アルコールとエチル・アルコールとの構造的な見方、考え方は決してユニークな発想であるとはいえない。

というのも、それは「構造言語学」の音韻論と同じ考え方で構造的とはいいながらも平面的であり、立体的な段階にまで高められていないといってよいだろう。

音韻論によれば、言語はその最小の構成単位である音素のさまざまの組合せからなっており、しかも音素の結合の仕方には、それぞれの言語体系に独自の法則が存在しているとみる。[8]レヴィ・ストロース（Claude Lévi-Strauss）はこのような構造言語学における音素の概念を神話学にもちこみ、神話がいくつかの神話素の組合せからなっていることを指摘して、神話素の結合の仕方の分析を行なったことは別の項でも述べた。（二〇七頁参照）

民具研究の場合もこれと同じようにいえよう。それは個体が民具体系（生活体系）全体から見たばあい、一つの用にたりうるという意味で「用素」として存するものであり、それらの用素がどのような「生活体系」からなっているのか、また、それぞれの自然的、歴史・社会的な背景が異なった地域の物質文化要素を成立させている体系を形成するための用素たりうるかを考えていく。その結果、用素としての民具の結合の仕方によって物質文化を形成し、地域文化の特色を形づくる法則性をさぐりだすという見解をもつことができる。このことは澁澤のいう構造的な見方、考え方と同じではないのか。

民具の構造的把握を行なう場合には民具と民具との結びつきのほかに民具と自然史（風土）との結びつきがあり、また、民具を製作したり、使用したりする技術や、人と人との結びつきがある。したがって澁澤が提唱したような、あるいは構造言語学でいわれるような構造論では民具をとおして生活や文化の骨組みをみていくのに多くの難点があるのではなかろうか。

北小浦について柳田は「佐渡の海府の世に遠い一つの小浦に、私たちが興味を寄せ是からもなお近づいて詳しく知りたいと念ずるわけは、爰が日本の海村の代表的な例ではなく、したがって住民自らが外を学んで類推によって次第に理解し得るような単純な成立をもって居ないからで、少しく誇張すれば日本という国の世界に於ける立場にも似通うた点が有りそうなのに心を引かれるからである」(9)と述べている。

このように単純でない村の生活や文化の骨組みを民具をとおして全体をみていくことはようい なことではない。したがって立体的構造的なとらえ方や調査の方法について、また結果のまとめ方については、よほど目的を明確にしてから始めなければならないといえる。

しかし、特定の項目に目標を据えたからといって他を割愛したり捨象したりすることは許されないことである。

例えば「生業」を主軸として民具の構造化を立体的に見ていこうとしても、生業が変り、その面での生活が変ったから、あるいは変っているからといって他地域と比較して文化の骨組みが異なるといいきることはできないだろう。

たしかに人間として基本的な生活の営みやたてまえは主食を自給することにある。しかし、自給的な面での「生活文化」の移り変りや、変容の要素（素材）を見定めていくことのほかに生活文化の伝統をもあわせて見ていかなければならない。

それには民具研究といえども精神文化の面をあわせて知る必要がある。したがって民具研究者による〈民具誌〉だけではその努力も徒労に帰し、真の意味で民具をとおしての生活文化の解明にはならないといえるのではなかろうか。

民俗学における民具研究は民具だけの問題ではなく、民具についてまわる民俗（伝承・文化）というものを包含していかなければならない。民具を調べても、モノ（民具）に溺れてはならないと思う。モノだけが移動してもそれだけで文化が伝播したということにはならないからである。それは、別の項でも述べたが、椰子の実が流れついても椰子文化は流れてこなかったという自然的・地理的条件をもう一度みなおしてみるべきであるといえよう。

しかし、他方において民具の研究は、その成果を他と比較することにより、さらに発展させることができる。それは地域研究の場合必須の条件であるともいえる。その結果、普遍性はなにか、特殊性はなにかを見定めながら物質文化にささえられ、つちかわれてきたところの人間生活の足どりを見極めつつ、その中に法則を探ろうと努める必要がある。したがって民具の地域研究の域（範囲）では素材すなわち民俗誌学の段階にすぎない。民俗学における民具研究は総合研究の地域比較がなされなければならないであろう。逆に単なる民具の系統研究（特定研究）も民俗学とはいいがたく、それは民具研究の域に終るであろう。

だが、民俗学における民具研究は、総合研究の比較を前提としており、それは生活に使われ、役に立ったモノを通して人間と風土とのかかわりあいを明らかにする中で、これまで営まれてきた暮しの中にその所産である文化の源流や伝統を見定めることにある。

それ故、総合研究といえども全領域を網羅したところの研究を指すものではない。それは本質において総合的であり基本的であって他地域との比較に耐えうるもの、比較が可能なものであればよいといえよう。

例えば、「民具の定義」の項（二〇五頁参照）でも述べたがレヴィ・ストロースにならって「料理」という事例をあげてみたい。「料理は、言語と同じく人類に固有で、しかも普遍的なものである」という彼の方法論をとり入れ、「主食の料理」、「副食の料理」をするための材料を手に入れるまでに必要な民具、そして材料を料理するために必要な民具、できあがったものを食べるための民具をはじめ、料理以外に食卓にあがる嗜好品に関係する民具などを系統的・構造的に調べ、焼畑を主として生活する村や海とかかわりをもって生活してきた村というように互いに比較していく中で食生活に関する文化の異なる点だけを抽出するのでなく物質文化の基本的な問題を考えていけば、それは我が国だけの比較にとどまらず周辺民族との比較を行なうためにも耐えうるものとなるであろう。

以上、北小浦という小さな海ばたの村の例を中心に、民具と生活を見ていく中で、日本民俗学における民具研究のありかたはどうあるべきかの一端を述べた。そして、今後、民俗誌を編んでいくための方法論的な方向の一部を示した。

それは、現状における民具研究が調査だ、実測図の作成だといわれることもさることながら、「民俗学における民具研究とはなにか」という点の位置づけが不明確であることを焦慮したことによる。

今後とも日本民俗学において「民具と生活」を考えていくためには民具の概念規定についての目安や、共通理解を深めていくことが急務であるといえよう。

注

（1）田辺　悟「民具学の方法」『物質文化』物質文化研究会二五号　一九七五年
（2）柳田國男『北小浦民俗誌』『定本柳田国男集』第二五巻所収　筑摩書房　一九七〇年
（3）（4）注（2）に同じ
（5）マリノフスキー『西太平洋の遠洋航海者』『世界の名著』第五九巻所収　中央公論社　原書 *Argonauts of the Western Pacific: An Account of Native Enterprise and Adventure in the Archipelagoes of Melanesian New Guinea*, George Routledge & Sons, Ltd., London, 1922.
（6）安田宗生「民俗学における民具研究の課題」『日本民俗学』九九号　二頁　一九七五年
（7）磯貝　勇「文化構造における分子構造理論―あしなか研究のころ(1)―」「民具マンスリー」二巻二号　日本常民文化研究所　一九六九年
（8）泉　靖一「マリノフスキーとレヴィ・ストロース」（人間の科学としての文化人類学）『世界の名著』第五九巻所収　中央公論社　一九六七年
（9）柳田國男、注（2）に同じ

8　北小浦民具誌――風土の中の民具伝統――

(1) はじめに

「風土」を自然環境としての風土としてとらえ、人間生活とのかかわりをみると、風土は生活文化を大きく規定する要因である。とりわけ、生産、生業に関してはそれが顕著であり、結果的には、はかりしれないほど大きな力で生活様式を規定している。民俗文化の地域性もこうした点からの分析が必要であるとともに、風土自体も不変のものではなく、変化することもありうるので、風土の重層性と民俗文化とのかかわりは今後とも論議されるべき大きな主題の一つであるといえよう。

本稿は、ごく限定された自然的条件(風土)の中で、人々の暮らしがどう展開されてきたかを、その地域の人々が使用してきた伝統的民具をとおしてみようとするものである。

他地域との交流のすくない孤立的な村では、そこで求めることのできる物質的な素材をあますところなく暮らしの中にとり込んでいるし、生きるための基盤である生産、生業は自然の恵みを十二分に活用している。ここでは佐渡の北小浦という小村を具体例として、暮らしと風土とのかかわりを示してみたい。

他方、わが国における伝統民具の研究は、あえて「民具誌」を強調しなくても、これまでおこなわれてきた日本民俗学の研究分野において十分に包括できるものであると考える。しかし、民俗学が隣接諸科学を意識し、提携することにおいては、民具研究もこれまでの「民俗誌」と同じように「民具誌」の位置づけをおこなう必要がある。

それは民俗生活を規定する要因に大きく風土の問題がからんでいることと、自然環境としての風土を生活文化、とりわけ物質文化とのかかわりにおいて位置づけ、明確化していかなければ、真の伝統文化を探りえないと考えるためである。柳田國男によって纏められた『北小浦民俗誌』の中にも民具誌的内容は含まれているが、民具学の立場から「北小浦民具誌」を纏めれば、どれだけ暮らしの実態が具体的に把握できるのか、以下、民具を表面におし出し、風土と暮らしとのかかわりを具体的に示してみたい。（地図・二二一頁参照）

（2）北小浦の農耕・山仕事（図1参照）

(1)米つくりの民具

水田に肥料（人糞）を運搬するためには、背中あてとなるセーゴジ（セナゴジ）〈写真5〉をつけ、ナガダル〈写真4〉に肥料を入れ、ニナワ（ニノウ）〈写真8〉で背負う（図2参照）。

図1　北小浦の農業及び山仕事生産暦（旧暦）

金子シヅさん（明治32年12月25日生）

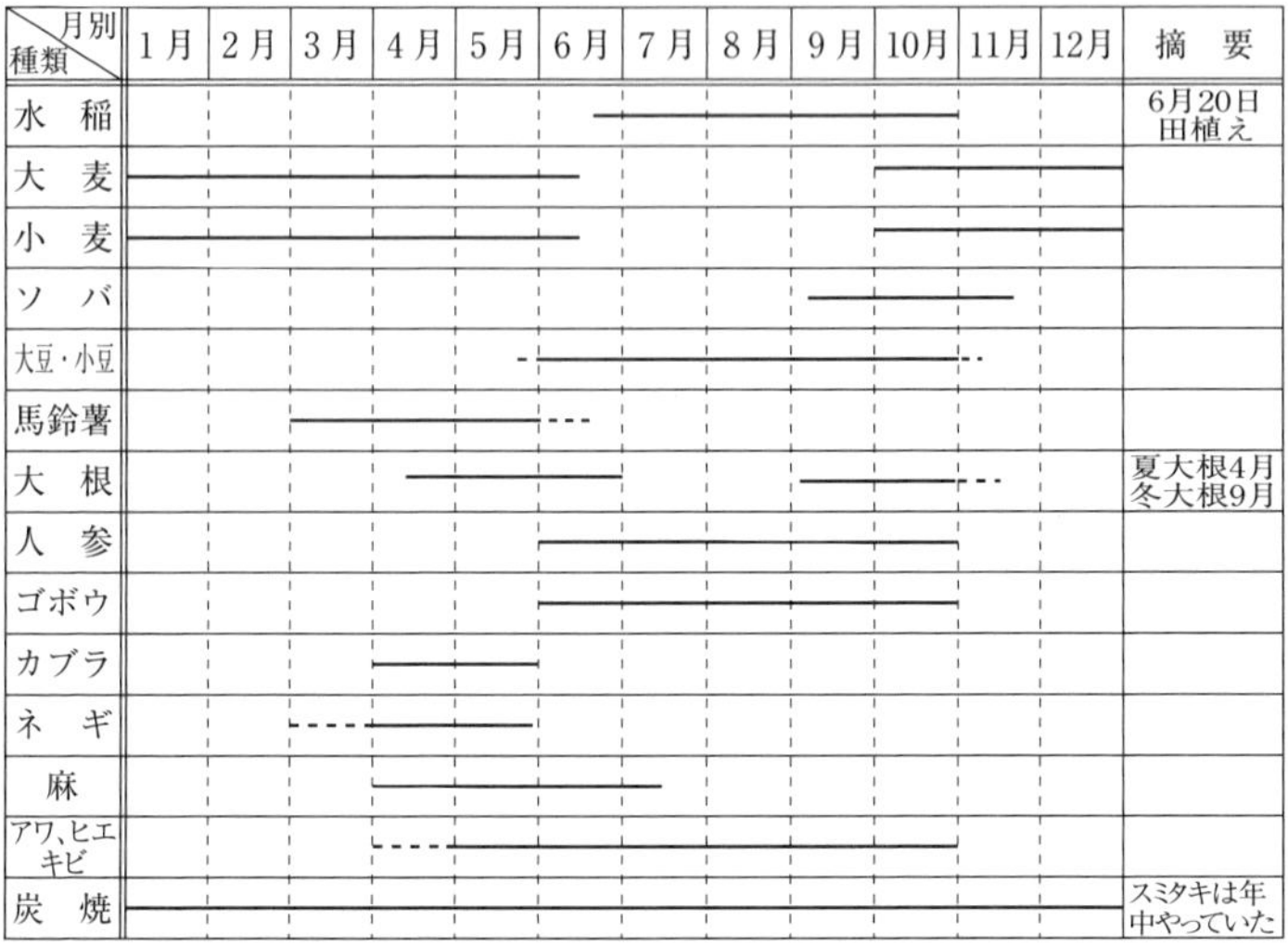

三本か四本ヅメのマグワ〈写真7〉で水田の荒おこしをおこなったあと、フリジャク〈写真4〉を使って肥料をまいたが、この順序は必ずしも定まったものではない。

水田の水どめをするために、田のふちをなぜたり、田ならしをするためにはヒラグワ〈写真6〉が使用される。ヒラグワには二種類あり、畔のならし（なおし）に用いるフロ（木）のついたクワを、特にアゼカケグワとよんだ。

あらかじめ、肥料となる草のふみこみもオオアシを使っておこなわれる。

稲の苗は、苗床につくっておき、田植えのときになるとボボカゴとよばれる腰につける竹のカゴに入れて作業をおこなう。ボボカゴは村へ売りに来た

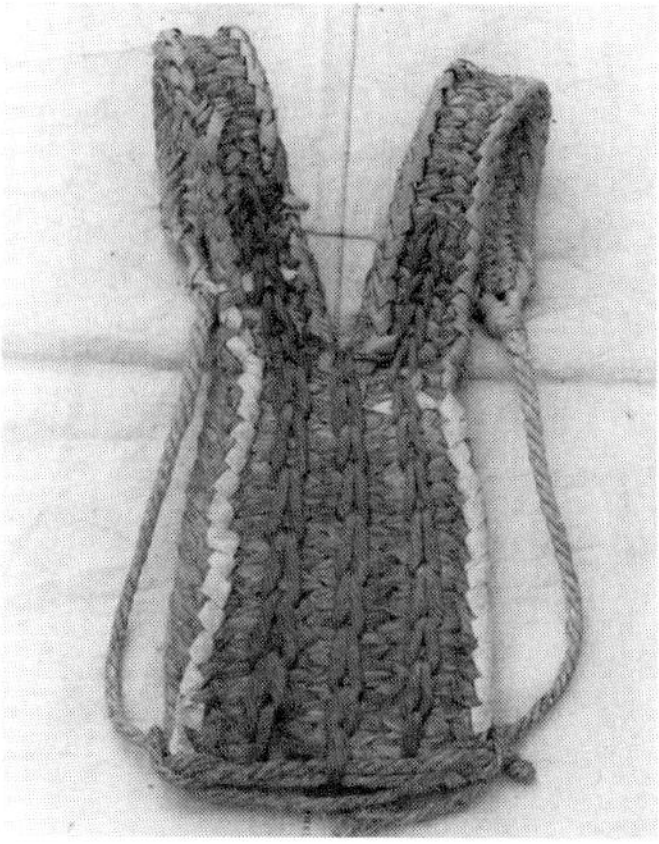

写真5　セーゴジ（セナゴジ）

写真4　フリジャク・ナガダル

写真8　ニナワ
（ニノウ）

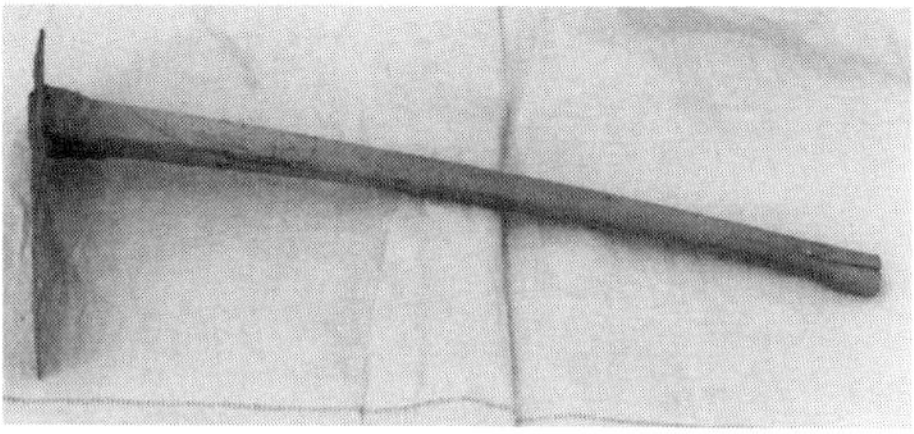

写真6　ヒラグワ

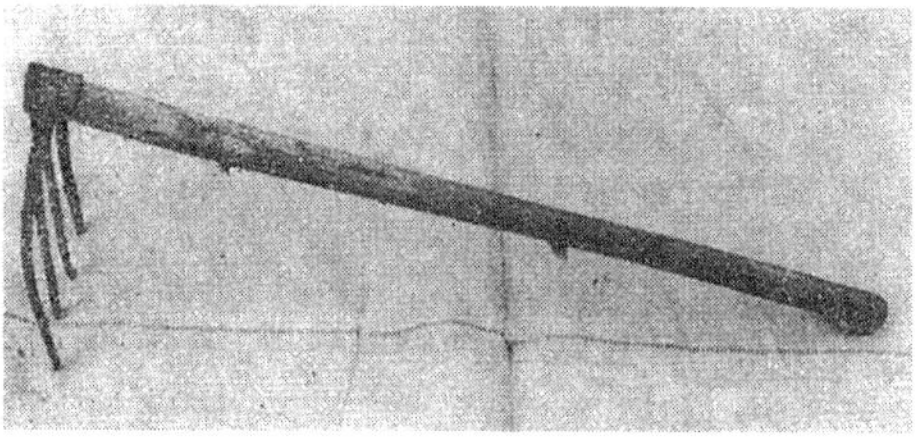

写真7　マグワ（四本ヅメ）

ものを購入して使った。佐渡の島内には、こうした副業をする人が多かった。

田植えをするときは「縄植え」といって、稲藁を細くなったナワを用いた。のちになってから、キワク（木枠）とよばれる縦横八寸ぐらいにしきられたワクをころがしながら田植えをおこなうようになったという。

上　北小浦の集落点描

中　定置網漁場より村を望む

下　話者（左右は長男夫妻・金子龍雄・シヅの皆さん）

民　具	作業・使用法(他)
ナガダル・ニナワ	肥料運搬・施肥
セーゴジ(セナゴジ)	
ニナワ(ニノウ)	
フリジャク	
マグワ(三本または四本ヅメ)	荒おこし
ヒラグワ★	ならし(田のふちのならし)
オオアシ	肥料となる草のふみこみ
ナワ	縄植え(田植え)
ボボカゴ	苗を入れる
クサカリガマ	田の畔の草刈り
クサカリガマ	稲の刈り入れ(ハゼにかける)
コキハシ(コキバシ)	脱穀
キウス(木臼)	
ヨコギネ	
ミ	
セイロ	
カクノウコ	調整までのあいだ籾を保存
タタキボウ	
モミスリウス	★ヒラグワには二種類あり，畔のならし（なおし）に使用するフロ（木）のついたクワを特にアゼカケグワという。
カマス	
イッピョウウス	
ヨコギネ	
コメツキワ	
モミトウシ	
トウミ	

図2　米つくり（稲作）の民具と作業
（脱穀・調整も含む）

苗を植えてからは田の草とりを一〇日ごとにおこない、四番草までをとる。このときは特に道具を使うことなく、素手で草をとり、雑草は土の中に埋め込んだ。

田の畔の草刈りをおこなうときにはクサカリガマを使う。このカマは、柄が少々短いのが特徴であると聞いた。

稲刈りには、同じくクサカリガマが使われた。刈りとった稲はダンダンの山につみあげ、それをハゼにかけて乾燥をさせる。

脱穀をおこなうにはコキハシ（コキバシ）を使って稲穂をこきおとし、トウミにかけてごみをとばす。そのあとキウス（木臼）とヨコギネを使い、二人でつく。籾はミを使って選別したが、のちにトウミを使ったりもした。こうして選別された籾はカマスに入れて保存される。貯蔵のためには屋内の土間部分にクラ（倉）とよばれる場所の一部分を板でしきり、幅六尺、丈六尺ほどのセイロとよばれるものをつくり、その中に保存しておいた。

精白するとき（北小浦ではコヌカをだすときという）はイッピョウウスとよばれるウスを用い、一人でヨコギネを使ってついた。

そのあとモミトウシを使ってモミを選別し、ミにかけたりトウミにかけたりしながら白米にしていった。

農作業に使用するカマなどは、春三月頃になると鍛冶屋が村へまわって来たので使いがってのよいものをつくってもらった。

その他の民具は、地域内にも大工さんがいたので、注文して製作してもらったものである。また、桶屋も年に一回や二回は地域にまわってきたのでナガダル等は注文して製作してもらった。

その他、セーゴジ（セナゴジ）等は稲藁を用いて自製したものを使用した。

なお、北小浦においては、田植えに際しては、「うしろいざりは夢を見ても悪い」といわれ、「ヒトモト（ヒトカブ）モツテモ　サガルガ　ホンダ」ということが伝えられてきたのだという。

北小浦では水田をならすために牛を二、三頭ひいて「タナラシ」がおこなわれてきたが、「タナラシ」をおこなうのには海岸からひとかかえもある石を拾ってきて、石に紐を縛りつけて曳いたりもした。こうした自然石も、ワラタタキイシ（ジョウベイシ・二五五頁参照）同様、民具とみるべきか。稲刈りの頃になると雪が降ることもあるので、素足に稲藁をまきつけて作業をした。特に深田での稲刈りには効果的であったという。

北小浦ではオカボ（陸稲）をつくらなかった。その理由は雀が多かったためで、個人単位で畑に陸稲をつくると、そこに雀が集結してしまい、収穫が期待できない。

水稲でも、あまりワセ（早稲）の品種を個人的に栽培したりすると、やはり同じように雀にねらわれてしまう。したがって、集落中が一斉に同じ品種をつくれば、雀から受ける害も均等になるというぐあいであった。

(2)麦つくりの民具

大麦、小麦つくりは同じ民具と作業手順をもっておこなわれた（図3参照）。

ヒラグワを使って畑をうち、ウネの幅に仕上げる。そのあとでシタゴエを入れる。シタゴエは草の枯れたものや、稲藁のくきったもの。麦種はシタゴエの上にそのまま蒔き、ヒラグワでウネアゲする。

麦ふみはしない。麦を蒔いてからはそのままにしておき、春三月頃になってから畑の草とりをおこなうが、そのときは手で草をむしるだけである。また、同じ時期に人糞をかけるが、一回であまり効果があらわれないような時は二回目のオイゴエをする。人糞を運搬するためにはニナワ（ニノウ）を使ってナガオケを背負うが、その時、背中にセーゴジ（セナゴジ）をつける。人糞はフリジャクを用いてまいた。このフリジャクは長柄のもので、桶屋がまるい小さなものをつくってくれた。材質は杉材である。

やがて、麦がアカラム（実る）のを待ち、クサカリガマで刈りとり、束ねたものを家に運びハゼにかけて乾燥させる。

脱穀をおこなうには、アマド（雨戸）の上にウス（木臼）をのせ、さらにその上に粉ひきなどに使うウス（石臼）をのせ、麦の穂をウスにたたきつけるように打つ。

大麦の脱穀をおこなう際には、そのあとイガオトシをするために、餅を搗くウスに入れ、ヨコギネで搗いた。

トウミは一軒に一台はあったのでこれ

民　　具	作業・使用法(他)
ヒラグワ	ウネづくり
ヒラグワ	シタゴエ入れ・ウネアゲ
クサカリガマ	三月草どり(手でむしることが多い)
ニナワ(ニノウ)	肥料運搬・施肥
セーゴジ(セナゴジ)	
ナガオケ	
フリジャク	
	オイゴエ
クサカリガマ	麦の刈り入れ
ハゼ	乾燥施設
アマド(雨戸)戸板	脱穀
ウス(木臼)(石臼)	
ベーヅチ	小麦の脱穀の時に使用
ウス(臼)	
ヨコギネ	
トウミ	
トウシ	
モミトウシ	
タテウス	麦つき
ヨコギネ	
ミ	乾燥作業
カマス	
オオナベ(大鍋)	

図3　麦つくり（大麦・小麦）の民具と作業

（脱穀・調整等も含む）

を使い、さらにトウシにかける。そのあとモミトウシにかけてゴミをとり、カワのついた麦は夜になってから女子供達がムギツキをして皮をとった。

麦のカワをとりのぞくためには、タテウスのまわりにヨコギネを持った女子供達が四人ぐらいで囲み、「ムギツキウタ」をうたいながら搗いたものだという。この時、麦があまり乾燥しきっていると、少量の水を含ませた。

「ムギツキウタ」は単純な唄で、「ムギツイテナジョンダー（夫婦になった）ナジョミヤー他国へムギツキニ」というようなものだった。

麦搗の作業は今夜は自分の家で、次の日の夜は隣家へというように、互に助けあっておこなわれたものであった。

ウスで搗いたあとはミを使って麦をきれいにするが、こうした作業を「ミでひるむ」とよんだ。麦はカマスに入れて保存するが、搗く時に少々水分を加えるので、もう一度乾燥させてからカマスに入れる。

麦の脱穀に用いるミは、両津の在の新町という場所で専門に製作する人がおり、製品を持って売りに来たので、それを購入した。また、ザル、カゴの類は両津でひらかれる二日と二三日のエビス市、あるいは一三日にひらかれるミナト市などへ出かけたときに購入した。

また、木製のウスはクリヤ（刳り屋）のような職人が村々をまわってくるので、その折に注文する。両津にはウスヤ（臼屋）があった。イシウス（石臼）は、ソバ粉をたくさんつくったので、どこの家にもあった。このウスは「メトリ」とよばれる職人がまわってきたときにたのんでメをとってもらった。

大麦は大きなナベを使って「ハナ」にしてから米にまぜて食べた。

小麦の脱穀の際は、大麦と同じようにウス（石臼）に穂をたたきつけるようにして穂先の麦をとったあと、ベーヅチとよばれる柄の長いツチを用いてさらにたたき、そのあとトウシ（トーシ）にかけ、カマスに入れて保存した。

粉にするには両津へ持っていったが、ウドンにする時は、両津のウドン屋でウドンにかえてもらうこともあった。

(3) ソバつくりの民具

北小浦では「フルマイゴト」や「ツイゼン」（追善）等をおこなう時は必ずソバをうってふるまったし、他のヨリアイの時もソバをだした。したがって、どの家でもソバをつくっていた。三〜四俵もソバをつくった。

ソバを蒔くのは大根よりおそく、「二百十日」の前に蒔くのが普通であった（図4参照）。あまり遅くまで畑においておくと風が吹いて実が落ちてしまうし、雉が食べてしまう。雉はソバが好物であるという。

ソバつくりは、ヒラグワを使って大きなウネをつくり、そこに蒔いた。刈りとるときはクサカリガマを使って刈る。そのまま家に運び、ハゼにかけて乾燥させた。

図４　ソバつくりの民具と作業

（脱穀・調整等も含む）

民　　具	作業・使用法(他)
ヒラグワ	起耕
クサカリガマ	ソバの刈り入れ
ハゼ	乾燥施設
アマド(雨戸)戸板	脱穀
イシウス(石臼)	
キウス(木臼)	
カマス	保存作業
イシウス キウス	調整
コメドウシ	
コヌカドウシ(ヌカドウシ)	

図５　豆つくり（大豆・小豆）の民具と作業

民　　具	作業・使用法(他)
ヒラグワ	起耕
マメサシボウ	たねまき
ヒラグワ	ウネあげ
ハゼ	乾燥施設
アマド(雨戸)戸板	大豆の脱穀
イシウス(石臼)	
キウス(木臼)	
ヨコヅチ	小豆の脱穀
マメドウシ	
トウミ トウシ	大豆のとき使用
ミ	小豆のとき使用
カマス	大豆の保存

麦の脱穀と同じように、アマド（雨戸）を敷き、その上にウス（木臼）をのせ、さらにウス（石臼）をおいて、はたくようにして実をおとす。それをカマスに入れて保存した。

食べる時は餅つきに用いるキウス（木臼）に入れ、「花のじく」（三角のところについているソバのジク）を足でふんだり、手ですりあわせたりしておとす。

そのあとイシウス（石臼でも荒目のもの）でひき、コメドウシにかける。さらに二番ズリはこまかいイシウスを用いたり、こまかいコヌカドウシ（ヌカドウシ）にかけて調整した。

(4)豆つくり（大豆・小豆）の民具

大豆をつくるのには五月下旬から六月のはじめに種蒔きをおこなう（図5参照）。

畑に大豆をつくる時はヒラグワで起耕する。この他、田の畔に植えることもあり、このときは畑であらかじめ苗をつくっておき、マメサシボウを用いて田の畔に穴をあけ、そこに二本ずつ苗を植えていった。マメサシボウは自然木の幹と枝の部分を利用したもので、幹の部分を土にさすために、枝の部分が手のひらにつかみこめるように工夫してある。長さ、大きさ等は特別になく、個人差があった。

畑に蒔くときは、ヒラグワでスジをつけ、そのあとマメサシボウで穴をあけ、豆の種をおとす。大きくなるとヒラグワでウネアゲをする。大豆の収穫は稲の刈り入れをおこなってからが多い。その時は根ごとぬきとってしまう。

「シガネル」といって、一束ずつ稲藁でしはり、ハゼにかけて乾し、麦と同じように戸板の上にウス（木臼）をおき、さらにその上にウス（石臼）をおいてその上でたたいて実をおとす。そのあと、ごみをとるためにトウミやミあるいはトウシにかける。トウシはミよりも目が大きい。保存のためにはカマスに入れる。味噌、醤油、豆腐づくりの原料にする。おかずに煮て食べることもある。

小豆も大豆と同じくマメサシボウを使って蒔いた。畑につくることもあれは、田の畔につくることもある。

収穫の時は根からぬきとり、少量の時はヨコヅチを用いて脱穀し、ミを使ってきれいにゴミをとった。赤飯をつくったり、「あんこ」にして餅につけたりして食べることが多かった。

⑸大根・その他の野菜つくりと民具

農業にかかわる「生産暦」においても記したが、大根には四月頃に種を蒔いて六月頃に収穫する「夏大根」と、九月頃に種を蒔き、一一月頃に収穫する「冬大根」があり、北小浦では両方の大根をつくっていた。

大根つくりには、ヒラグワで畑を打ち、山の牧場で飼育している牛の糞や魚のアラ、腐ったゴミ等を肥料として入れる。両津方面より人糞を船で運んできて使ったり、時には北海道より運搬されてきたニシンを肥料に用いたこともあった。

こうした肥料がナガダルに入れて運ばれるのは米つくりや麦つくりの時と同じである。

肥料を畑に入れたあとは、ヒラグワを使ってウネアゲをおこない、種を蒔いて土をかぶせる。大根の芽がではじめた時、種が密集して蒔かれているようなところは手でおろぬく。この作業を「スカス」といい、その時にとった「スカシナ」は味噌汁の中へ入れたり、浸し物にして食べたりした。

大根が成育するあいだ三回ほどすかして、よさそうなものだけを残す。ついでに草とりを手でおこなうが、草はあまりはえない。

よい大根にするためには「オイゴイ」が必要なので、フリジャクを使って人糞を与える。人糞より魚肥の方がよいとされているが、魚肥はなかなか入手できないので人糞にすることが多い。北小浦では家数、人口共に少ないので人糞すら入手困難である。

したがって、近年になってからは小学校、役場等の人々の集まる場所の下肥はどの家でもほしがったので、毎年、正月四日におこなわれる「寄合い初め」の日に、下肥の入札をおこなった。この下肥入札は春におこなわれる地域の寄合いでナガダルに何本と決め、その権利を得た人が地域の会計に相当分の現金を納入する。こうして下肥入札によって得た収益金は、毎年、地域の人々が大漁満足、海上安全を祈願するために山形県鶴岡市の瀧澤山善寶寺へ出かける折の費用の一部にあてられた。

大根は葉のさがっているものを手でとってやれば大きな良質のものができたという。大根は素手でぬきとって収穫し、背中にセーゴジ（セナゴジ）をあて、ニナワ（ニノウ）で背負って家に持ち帰った。

大根は漬物（沢庵漬け）にすることが多い。ハンズに真水を入れ、稲藁製のワラタワシを使って大根を洗う。ハンズというのは直径二尺ないし二尺五寸ほどの杉材でできた桶。周囲に竹材のタガがはめられている。

北小浦へは、相川より桶屋が毎年、春先になるとまわって来て二、三日滞在しては桶をつくったり、古い桶の修繕をしたりしていた。新しいハンズが必要な時は、あらかじめ材料を自分の家で準備しておき、製作してもらった。タガも二、三年ごとに新しくかえてもらったり修繕してもらったりした。職人にはそのつど現金で支払った。

真水で洗った大根は竹材や杉の丸太でつくったハゼ（ハゼギともいった）にかけて乾燥させる。北小浦には竹材がなかったので、竹は他地域のものを購入しなければならなかったから大事にあつかわれるのが普通だった。一〇日間ほど乾燥したあと、シトダル（酒樽）にコヌカを五、六升、塩を四、五合ほど入れ、大根を漬け込み、海岸の石を拾ってきておもしをかけた。小浦の海岸にある石は「コウラのツケモンイシ」といって近郷では珍重されていた。それは大きさの割に重量があるためであった。

大根を漬けるときは水を入れないが、大根から水分がでて、春までおくと水がたまりカビがはえることもある。そうした時は塩をよけいに入れた。また、夏に大根を漬けるときも塩の量を多くした。

第二次世界大戦以前は、秋ダイコンを「タクワンダイコン」とよんで、そればかりを栽培しており、夏ダイコンはどの家でも栽培していなかった。夏ダイコンの栽培は戦後になっておこなわれるようになったものである。

その他、人参、ゴボウ、カブラ、ネギ、馬鈴薯など、いずれも自家消費のためだけに栽培したもので量はすくない。また、こうした野菜をつくるために、特別な民具を使用するということはなかった。

(6)麻つくりの民具

麻は四月頃に種を蒔き、七月中旬頃になって刈りとった。畑をヒラグワで耕作し、人糞などの肥料を入れたあと、種をパラ、パラ蒔き、サンボングワ（三本鍬）あるいはヨンホングワ（四本鍬）で土をかぶせ、「ウワゴミ」といって、稲藁の腐ったものなどを上からかけておいた。

麻のとり入れは、根元からクサカリガマで刈りとり、天日で乾燥させ、赤くなってきたら草をかぶせる。この作業を「ネセル」といった。蒸すようにして、手で持ち、板の上にのせてから、約三寸くらいの長さの竹製のヘラで皮をこすると、皮がむけた。

樹皮をさらに干しあげ、白くしたものを細く裂き、手で撚りをかけていく。あらかじめ手で苧んだものをイトグルマにかけ、さらに撚りをかけたものをワクにまきとる。

こうして自家製の麻糸をつくり、手で苧んだ糸でカヤ（蚊帳）をつくった。子供が多い家では畳三枚ぐらいの大きさのものを自製した。

また、畳一〇枚もある大型のカヤをつくり、娘が嫁に行く時に持たせてやったりすることもあった。織物にするときは、両津まで糸を持って行き、織ってもらったこともある。

(7)アワ・ヒエ・キビつくりの民具

アワ、ヒエ、キビともに旧暦の四月頃に種蒔きをおこない、一〇月下旬頃に収穫した。北小浦では雪の多い年には三月末頃まで山に雪が残っていることもある。したがって、昔は田植えもおそく、八十八夜より一〇日もたたなければ稲の種をまかなかった。そうした頃（年）は雪が降るようになって、やっと稲刈りをおこなったりした。アワ、キビは餅にして食べた。

ヒエもアワと同じように四月から五月にかけて蒔いた。はじめは畑に種蒔きをして一〇センチほど成長してから田に植えかえするが、田の中でも土質の悪い場所の田に植えるのが普通であったという。

キビも四月頃になって畑に蒔く。一〇月頃に刈りとった。キビは根からクサカリガマで刈りとり、ハゼにかけて乾燥させる。そのあとヨコヅチを使って実をとり、キウスとキネを使って皮をとった。モミスリウスを使うこともあった。

キビは米にまぜあわせて食べた。

(8)山野の自然物採取と民具

山野における自然物の採取にあたっては、四季それぞれの味覚を楽しむというほどのものから副食として重要なものまであった。

トチの実を採取して、アクぬきをおこない、トチモチをつくって食べたりしたほか、クリを拾ったり、フキ、ゼンマイ、ワラビ、ミズブキ、セリ、ギリムキ、ユリ、シイタケ、マツタケ、クルミ、カヤの実などの採取（集）をおこなった。カヤの実は煎って食べた。

クリ拾いなどをおこなう際、山に出かけるのにアシナカを履いていった。

特別の道具を持つことはないが、チュウハンベントウ（中飯弁当）を持っていくこともあり、ワッパの中に入れた。普通、食事の時の主食は米に大麦をまぜたり、大根をまぜたりしたが、山野へ出かける時は、家の中で食べるときより主食に入れるまぜものを、かるく（少し）まぜた。副食の御数には大根をつけたタクワン、イワシなどの魚を持っていくことが多かった。

弁当を入れるワッパは両津へ行くとマゲモノ（曲物）を売っている店があったので、そこで購入してきたものを使った。

ワッパや採取したものはコズトとよぶ袋状のものに入れ、背中に背負った。コズトはゴザのようなものに両脇から細紐をとおしたものを用いる。その他、ベントウバコ、ミズイレ、カゴ等を持って行くこともあり、スゲガサをかぶることもあった。

⑼山仕事と民具

北小浦における山仕事のうち、最も主要なものは「炭焼」（スミタキ）であった。山林には共有のものもあり、個人所有のものもある。炭焼のさかんな時には山が不足がちであったといわれるほど山仕事をおこなう人達が多かった。

山仕事で使う民具をみると、ナタ、ヨキ、マサカリ、ダイギリ（ノコギリ）、ケイテ（カイテともいい、ネオコシのこと）、タテマタ、セナカアテ、ニナワ（ニノウ）、ツエ、オオバカリ、それに施設としてのヤマゴヤ等である。

ダイギリは山仕事独特のノコギリで大工用のノコギリとは異なり、クビ（首）とエ（柄）がまげられたものである。

タテマタは両端に立てて木を切断するために用いるもの。したがって二つ（一対）がセットで使われる。

セナカアテは稲藁やフジの皮を用いて自製した。二ナワも藁材を用いて自製するが、全長は約四尋。三つ編みにして肩あたりから首にかかる部分をやや太くする。

一般に炭俵は三俵を背負うので、ツエを使って山から運び出した。四貫ダワラという。オオバカリは炭を俵に入れる時に使用するもので「六貫バカリ」を両津で購入して使っていた。炭俵をつくるには、カヤや稲藁の材を用いたが、カヤダワラは上等な炭を入れるのに使い、ワラダワラは品質の悪い炭を入れるために用いた。こうした炭俵を自製するような仕事は子供か年寄りのやることとされていた。俵編みをおこなうためには、稲藁をジョウベイシの上にのせ、ヨコヅチでたたいてやわらかくした後、トトロとウマ（コモドシともいう）を用いて製作した。一俵で四貫。

山仕事をおこなうために使用するナタ、ヨキ、マサカリ等の刃物をはじめ、農具等の鉄製品は両津まで船で出かけて購入することが多かったが、柄は自製したという。ナラ、イタヤ、ホウなどの材をダイギリを用いてネギリし、乾燥して柄の材料にする。

炭焼のカマックリは、一人ではできない部分もあるので、互に協力しあってつくった。普通は四、五人が手伝ってくれた。シロズミ（白炭）を焼くために用いるカマの大きさは、昭和二〇年以前には、大きくてもせいぜい六俵の炭が焼ける程度のものであったが、戦後は一二俵も焼ける大きなカマをつくるようになった。

炭を六俵ほど焼くカマの大きさは縦六尺の横幅四尺といった卵型の内型をもったもので、入口は河原や沢から拾ってきた石を積みあげてつくり、土をこねて塗りかためる。また、カマの内側の床にあたる部分にも同じような石を一面に敷きつめてつくる。

カマの天井にあたる部分をつくるのには、一本の自然木のままを幹だけにして、根まがり部分がカマの後方にいくようにして組みあげ、そのあと、練りあげた土を張り込むように、べーヅチをもちいて固めていく。べーヅチは木製の柄がついたカマボコ型のツチで一木造りのもの。

天井部分をつくりあげると、大きな木を入れ、少しずつ火を燃してカマを乾燥させることをはじめる。乾燥には一週間ほどかかる。はじめてのカマを使う時は一ケ月ぐらい火がつかないことがあったりする。入口には小さな穴を四隅の近くにあける。

煙だしを「オ」（尾）とよび、カマの後方の下部よりつける。オのつけ方により良質の炭になったり悪くなったりするので、熟練のいる作業となる。このオをあけたり閉めたりして調整しながら炭焼をおこなうのだが「青い煙り」がいつも出るようにする。

炭を焼きあげたあとはカマから出し、「スベ」といって、水にひたして消した。この時に使う道具は耕作用のクワ、メツケとよばれたり、スドリとよばれるゴミ取り状のもの。メツケはウツキの若い木の枝を用いて自製した。これで炭をすくいとったり運んだりする。

製品になった炭はカマスに入れて運んだ時代もあり、「カマスビョウ」（叺俵）の名ものこっているが、後になってスミダワラ（炭俵）に変わったという。

「炭焼は北小浦における、ほんとうの商売」といわれたほど、重要な生業であった。

⑽豆腐つくりと民具

自分の家で収穫した大豆を水につけてひやかし、豆腐つくり用のイシウスですりつぶす。ウルチ米のコヌカを、すりつぶした大豆の上からコヌカブルイを使ってふるう。

次に、大豆のすりつぶしたものと、ウルチ米のコヌカをよくかもして（かきまぜ）、荒い麻の布で漉す。アサヌノといっている。そのあと、再び木綿のこまかい目の布を用いて漉す作業をおこなう。特に名称もなく、ヌノといっている。

以上のような作業をおこなうためには、まず、トウフハンズとよばれる杉材の浅い樽を用意する。トウフハンズは豆腐を自製するときに用いる丈の浅い樽で、周囲に竹のタガがはめられたもの。その上に十文字のような形になるように板をのせ、さらにイシウスをその中央にのせる。このの、上にのせたイシウスの上で上述の作業はおこなわれるわけである。したがって、アサヌノの袋で漉すばあいは、トウフハンズの中からすくって漉すのであるが、この時は、竹製のミザラとよばれるものの上にのせてしぼる。ミザラは幅の広い竹を割って横にならべ、麻紐を用いてしばった大型の簀《す》である。マダケを用いたもので長さは二節ほどのもの。

ヌノの袋でしぼった牛乳状の汁をナベの中に入れて煮る。すぐアワをふいて煮あがるので、その時、潮水（塩水）をもってきて入れる。そうすると汁はかたまりはじめる。こうして豆腐をつくるが、このときのかげんがむずかしい。村の中で仏事があったりしたときは必ず自製したものがだされた。

漉したあとのオカラは、豆腐とはべつに煮つけて食べた。

ナベ、カマのたぐいは両津に出かけて購入した。

⑾醤油・味噌つくりと民具

醤油は自家で収穫した大豆、小麦を用いてつくってきた。

まず、大きな釜で大豆を煮る。オオガマといった。小麦は餅搗きに用いるセイロを使って蒸した。セイロは丸型のもので両津で購入したものである。蒸した小麦はコウジのタネを買ったものをまぜあわせるが、その際、米も蒸し、自分の体温と同じくらいまでさましたものをまぜあわせ、一夜おくと、ぜんぶがコウジになった。

大豆の煮たものと、小麦の蒸したものをコウジとまぜあわせ、水を少々まぜて保存する。これを「ねせる」といった。この時は三、四斗もはいる大きなオケを使う。このオケは桶屋がつくりに来た（大根・その他の野菜つくりの民具の項を参照）。

こうして「ねせておいた」ものに塩を加え時々その状態をみては、なめてみる。醤油状にできあがると、それを漉すが、その際には木綿製の丈夫な厚手の袋を用いた。フクロという。大きなオケを置き、その上に豆腐をつくる時に使用するミザラをのせ、フクロの上からさらにイシウスをおいておけば、しぜんにしぼれて醤油がオケにたまった。

自家製の醤油はサシミを食べたり、菜をゆであげて食べる時に使ったが、うまさがちがうという。上等品に思われていた。

（3）北小浦の漁撈（業）〈図6参照〉

(1)イソネギとテンゲ（クリブネ）

イソネギとはテンゲ（クリブネともいう）〈写真15・16・17〉に乗って海底が岩礁地帯の漁場に至り、船上から棹の先端に取付けたカギ、ヤス等を用いて、アワビ、サザエを採取したり、ナマコ、タコ（ミズダコ）、魚等を捕獲する漁法及び漁撈にかかわる習俗をいう。

テンゲは全長五メートル半、肩幅一メートル二〇センチ、深さ六〇センチほどの磯船である。この船を北小浦の人々はテンゲ、テブネ、クリブネなどの名で呼んでいる。

昭和の初期頃までは外海府《そとかいふ》方面より船大工がこの小型の船を建造しに北小浦に来たという。外海府方面の人々は船づくりだけでなく、コビキ（木挽）を

図6　北小浦の漁業生産暦（旧暦）

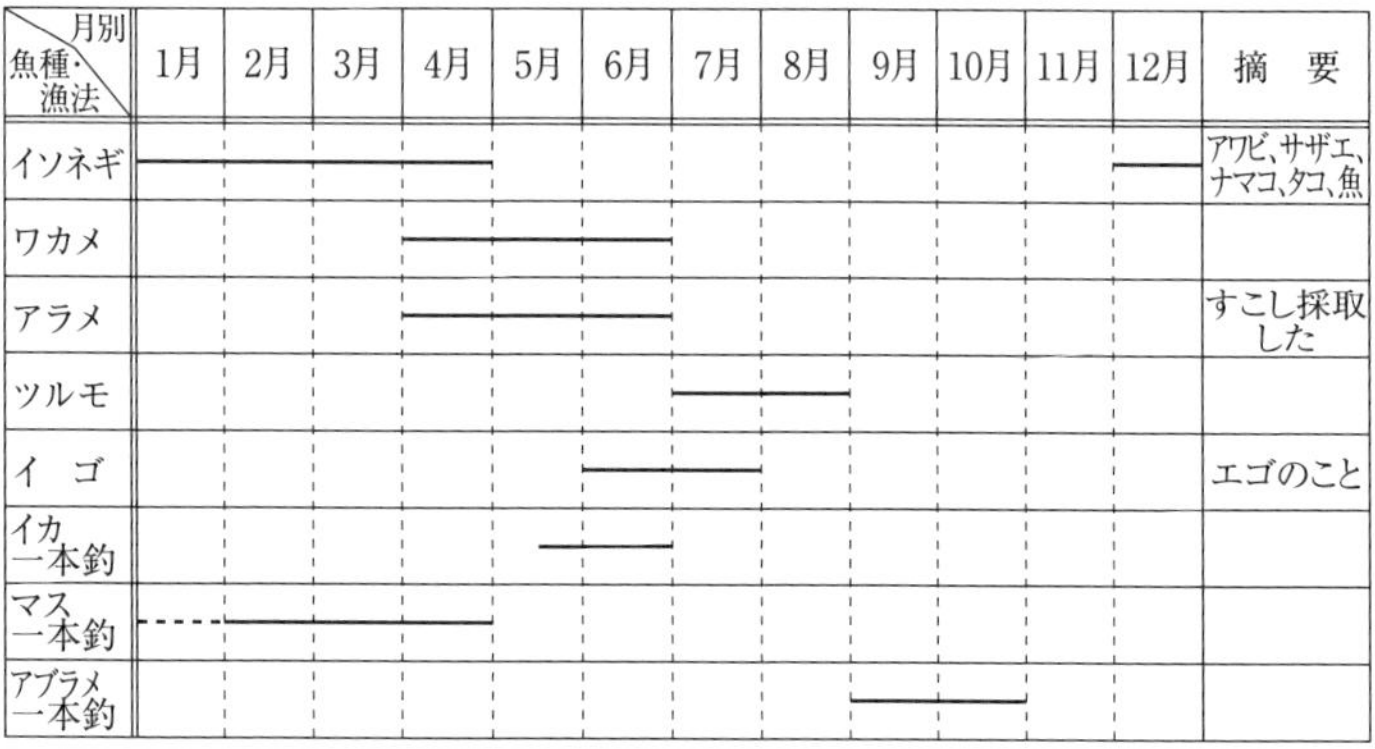

山口由太郎さん聞書（明治37年10月28日生）

おこなう人や、コバ（木端）つくりをする人も多く、よく北小浦方面まで仕事にまわってきた。

コバつくりなどは、屋根にコバを乗せ、さらに石をのせておいても三年ほどしかもたなかったので、定期的にまわって来たが、特に日当はなしで、夜になって酒をふるまえば、それでチョン（なし）になったものだという。

船材には杉が用いられる。材が良質で大きければシキは三枚。櫂を用いて船をあやつるが、この船の櫂をテンガイといった。この小型の磯船をテンゲと呼ぶのはこのためかもしれない。櫂材はカシ、ナラ等。

クリブネの名がつかわれるのも、以前はクリブネであったためだという。クリブネ時代には船をネル（操船する）時は櫂を用いたが、遠くへ行く時には櫓を用いたという。

杉材を刳って製作した船は、風が少々吹いても、向きが少々変わるだけで流されることもなく、ネギながら作業をするには良い船であった。それは、クリブネは船そのものが重いことと、海中に深く沈みこむためであった。クリブネは一軒に一隻はあったといってもよかった。しかし、北小浦では海の仕事（漁撈・業）に従事する家が全体の三分の二、山だけの仕事をする家が全体の三分の一といった割合であった。

上述の通りクリブネの大きさはメートルにて示したが、伝統的には長さ一八尺から二〇尺、幅三尺というのが普通。これは、直径三尺ほどの太さの杉材を刳りぬいて船をつくるのが一般的であったことによると聞いた。

船材を曲げて加工するためには焚火に板をあてながら、少しずつしぼって曲げたという。また、コヌカ（小糠）を少しずつ燃し、そこに板材をあてて曲げたりした。水もれを防ぐためにはヒワダ（ヒハダ）とウルシ（漆）を用いた。まず、ウルシを塗っておき、それからヒワダをつめこむ。

船材は北小浦で用意しておき、船大工は道具の他にフナクギ（船釘）やウルシを持ってきて船を建造した。ハリアワセの時はチギリを用いた。昭和のはじめ頃は浜にフナゴヤ（舟小屋）があったので、舟を建造するには、その小屋が使われた。北小浦の人々が云うには、外海府は冬期になると海が荒れ、漁に出ることもできず、その日の飯も食えない人々が多かったので、真更川方面より山越えをして北小浦（内海府）へやって来たものだという。

イソネギは一二月からはじまり、翌年の四月末まで、冬期、海の水が澄んで、海中がよく見える時期におこなわれる。冬はナギの日でも天候が急変することが多く、すぐ海が荒れて帰ってこなければならない日が多い。したがって、イソネギをおこなう漁場は村の地先の磯付きの場所。漁のためにベントウを持参することはまずない。

主要な採取物であるアワビ、サザエはカギとよばれる鉄製の漁具を用いて採取する。この鉄製のカギ〈写真10〉は大型で、直径二センチもある大人の親指ほどの鉄の丸棒で長さ二五センチほどのものを、先端にかけてだんだん細く仕上げながら尖がらせていき、釣鉤状にしたものである。しかし、先端にカエシはない。

写真13　サザエ
ヤス

写真11　サグリヤス

写真 9　カガミ(下)サヤ(上)

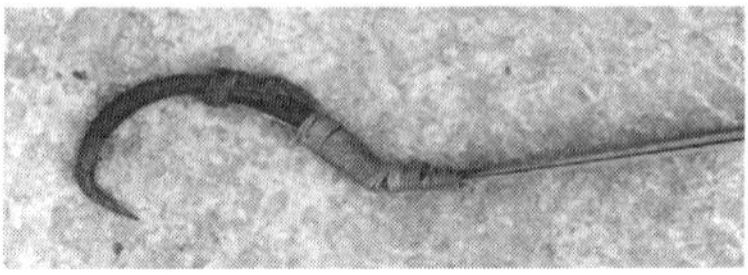

写真10　カギ

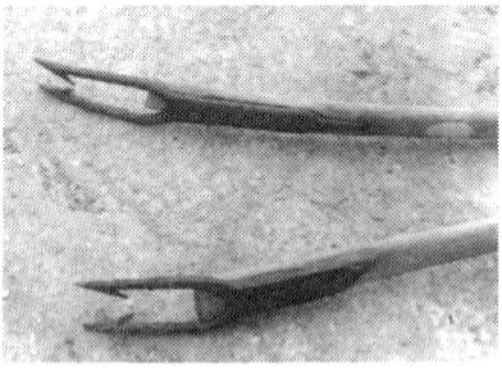

写真11　サグリヤスの先端

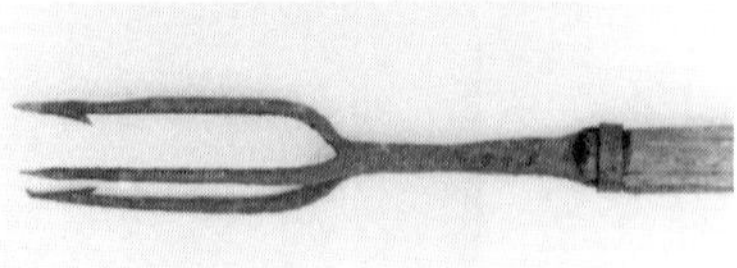

写真12　ヤス（三本ヤス）

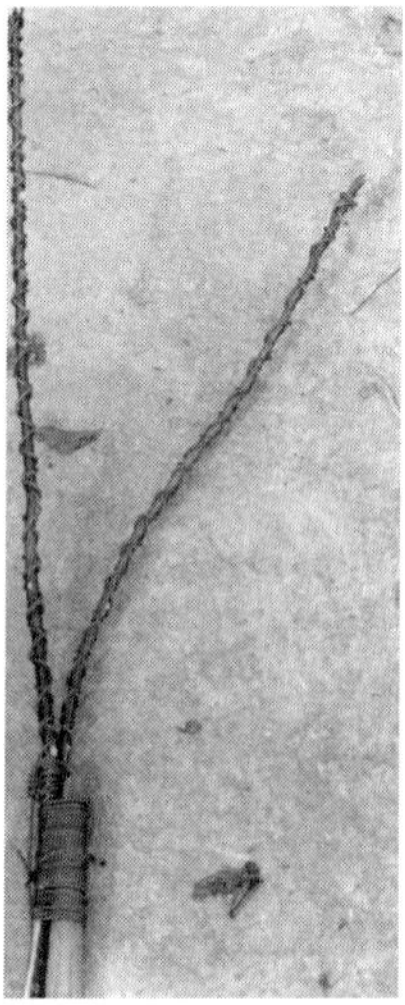

写真14　モテ

写真15　テンゲ（前）

写真16　テンゲ

写真17　テンゲ（横）

写真18　ネリ

この鉄製のカギの根元の部分に約三〇センチから四〇センチの長さの木材をうすくけずってしばりつける。この材はウシコロシの木を用いることになっている。ウシコロシは北小浦の近くの山でも探し求めることができる弾力性のある材なのである。しかも薄く削っても折れないという特性があるため、カギをアワビの殻のすきまにかけ、力を入れてはがすのに最も適した材でもある。鉄製のカギは両津に出かけて購入した。

ウシコロシの材を用いた後部の棹にはカシの木の材を約六尺ほどとりつける。アワビ採取をおこなう際、深い水深では一〇尋（約一五メートル）におよぶことがあり、柄をすべて竹棹だけにすると浮力が大きくて使用しにくくなってしまう。そこで、先端の六尺ほどの部分の柄をカシ材にしておくと、カシは丈夫でもあるし、浮かないのでよい。他の材質の木を使うと、やはり棹が浮いてしまって使うのに不便であるという。

採取したアワビは売りに出したが、サザエ、ナマコ等は自家消費用であった。

サザエの採取にはサザエヤス〈写真13〉が用いられた。サザエヤスは木製で、よくしなうガマズメを材として選ぶ。ガマヅメの材の先端を十文字に割り、先端部分でサザエをはさみ込めるように工夫したもので、ホコネの長さは約二尋ほど。あまり長くすると重くなってしまうので作業がしにくくなるため、個人的に長さを調整している。柄の後部にはマダケが用いられる。

タコはサグリヤス〈写真11〉またはヤス〈写真12〉を使って捕獲する。サグリヤスは先端が二叉に分かれた鉄製のヤスで鉄の部分は約二〇センチ。横幅は最も開いた部分で約四センチ。カエシがある。この鉄製のヤスに木製の柄をとりつける。柄に用いる材はシロタモ。シロタモは柔軟性があり大きくしなうので岩礁の割れ目にひそむタコを探り出すのに使いやすいという利点がある。したがって柄の部分は偏平に削って製作されており幅は約二・五センチで、厚さは約一・三センチ。

タコを捕獲するのは冬至（一二月下旬）の頃から四月頃にかけて。まず、サグリヤスを使って穴から出したタコを、次にヤス（三本ヤス）〈写真12〉を用いて突きとってあげる。

ヤス（三本ヤス）の柄の長さは八尺ないし九尺（二メートル八〇センチほど）。それをさらに二間のホコネとよばれるカシ材の柄でつなげることもある。水深によっては一〇尋以上の深さで漁撈活動をおこなうこともあるので、さらに八尋ほどのマダケを継ぎたしたりして使う。二本ヤスもある。いずれのヤスもカシの柄を三間（三尋）ほどつけ、そのあとに竹（マダケ）を一四〜五メートルの長さになるようにつける。カシ材を使うのは、深い場所にはやくしずむように工夫したものである。魚を突きとるときもヤスが用いられる。

ワカメ、アラメ、イゴ（エゴ）、ツルモ等の海藻を採取するために用いる漁具にモテ〈写真14〉とよばれるものがある。「モテ」は「藻手」という意味であろうか。藻草等を採取するために手の役割をになう民具であるから。

モテはトウヅルとよばれる山のツルを約六〇センチほど二本あわせ、それを長い棒の先端に縛りつけただけの道具である。深い場所での海藻採取の場合は、棹が沈まないと作業がしにくいこともあるので一部分だけカシの柄をつけることは普通だが、浅い場所の海藻採取のときは竹棹（マダケ）を縛りつけるだけのこともある。海藻は先端のトウヅルの部分でからげるようにして採取する。

トウヅルは藤に似ているが藤とは別のものだという。海藻がよくまきつくようにするために、トウヅルに藁縄をまいた。ワラは材質としては弱いものであるが、トウヅルによくなじみ、ずりおちてこないのでよかった。後年になってロープを巻きつけるようになった。

ワカメ採取をトウヅルでおこなうと、途中から切れてしまうので、ワカメ採取にはカマを棹の先に縛りつけて刈りとったりもした。カマを使用する場所は、ワカメが海底の岩礁からどのように生育しているかにもよる。したがって、海底の状況により、トウヅルを使った方が能率的な場所、カマを使った方がよい場所など、それぞれの判断で使いわけた。

ワカメを刈り取るカマは、普段は草刈りなどに使用するものが転用されるだけのことであった。カシの木の柄を一メートルほど付けたし、その後に竹棹（マダケ）をつけた。カシ材の柄を一部分使用するのは、やはり棹をうかせないようにする工夫であった。

イソネギをおこなう場合、船上から海中を覗きこんで捕獲対象物を探さなければならないが潮流の影響や風などによって海面が荒れたり、さざなみが立つようでは海中の様子をうかがうことはできない。

そこで、少しでも海中の様子を見やすくするために、いろいろの工夫がなされてきた。北小浦ではイソネギをおこなう際にイカのハラワタからでる油を流し、海面の小さな波をできるだけしずめるようにして海中を覗きこんだという。

のちに、ガラス板が普及するにおよび、カガミ〈写真9(下)〉とよばれる箱型の水中メガネが使用されるようになった。明治三七年一〇月二八日生まれの話者、山口由太郎さんが子供の頃には、すでにカガミは使用されていたという。

カガミは杉材を用いて自製したもので、ガラスは両津で買ったり、家で窓にはめてあるものなどを使ったりしてつくる。杉板の大きさは縦三七センチ、横二七センチで、深さは一八センチと割合に浅い。ガラスを固定し、水もれを防ぐためにはカミヨリを竹製のヘラ（タケベラ）を使ってさしこんだという。このカガミにはサヤ〈写真9(上)〉とよばれるケースがついている。サヤにおさめておくのは船中ではガラスが破損した時など危険なので、危険防止のためだという。北小浦の人々は皆がカガミにサヤをつけているのが特色でもある。以上のことから、明治時代の末期にはカガミを使ってイソネギがおこなわれていたことがわかる。

また、イソネギで特に重要なのは船を操るためのカイ（ネリ）〈写真18〉であるが、このカイの使いかたも熟練しないとなかなかあつかえないものであった。

(2)イカの一本釣

北小浦におけるイカ釣については、柳田國男の『北小浦民俗誌』に図示され、この著書の中で民具をあつかったものとしては最も具体的な唯一の漁具であることが注目される。五月中旬より六月下旬までが漁期。

北小浦の地先にはイカが多かったので漁場は村の前にある長島の周辺であった。したがって、家から風呂がわいたからと大声でよべば、すぐに帰ってきたほどだという。

イカは二、〇〇〇匹を「イチダン」とよび、「今日は何ダンとった」というようにいったほど豊漁のこともあった。乾燥させてから売った。

水深は浅い場所で七尋から一〇尋ほどだが、深い場所になると三〇尋から四〇尋におよぶこともあった。

イカの一本釣に用いる漁具はトンボとよばれている。セトモノ（陶器の白い）のオモリの左右に八番線のハリガネを取り付け、さらに一尋はどの釣糸の下にトンボとよばれる擬餌鉤をつける。この擬餌鉤は鉛製のオモリの先端にカエシのない釣鉤を数本つけたもの。「ガザ」ともよばれた。長さ約七センチほど。イカはこの部分にとりつく。

(3)マスの一本釣

マスの一本釣は一月頃からはじまり、四月いっぱいまでおこなわれる。

この漁法は両津方面でおこなっていたものを導入したといわれる。

名称は「一本釣」だが、実態は「マスの延縄漁」である。

この延縄漁に用いるウキ（浮子）をツケとよんでおり、このツケをしかける漁場を同じく「ツケ」という。したがって、ツケの場所を決めるというのは漁場の位置を決めることになる。

漁場は三〇箇所あったので、ツケの場所決めは、毎年、年末になるとクジビキによりおこなわれた。この時は地域内の役員をも改選するので、酒の席が用意された。

北小浦における役員は、部落長、副部落長、会計の三役と、他に代議員が一〇名選出される。全役員が一年交代。

クジビキで漁場を決める時は、カンジンヨリをつくって順番にひいたり、紙に番号を書いて、それをひいたりした。

現在は三四戸であるが、以前は二八戸の家数であったので、まずその数だけクジビキをつくったが、人によってはツケをよけいに入れたいということもあるので、その他に番外をもうけた。

北小浦におけるマスの漁場（ツケ）は、両津に最も近い方面をカミ（上）といい、鷲崎方面をシモ（下）といった。したがって、一番の漁場は隣りの地域に最も近い虫崎方面で、最後の番号は見立の地域に最も近くなる。（地図・二二一頁参照）

マス漁は一月、二月というように最も海の荒れる季節なので、誰れでもシケの日に遠くまで船を出すのはいやがったため、自分達の地域のすぐ前の漁場を選ぶのはあたりまえのことである。したがってマス釣の漁場の選択は、豊漁を期待しての場の確保ではなく、できるだけ都合のよい場所の選択であった。

マスの延縄は水深の浅い場所から沖へむかって延える。浅い場所は水深一五尋、深い場所で水深四五尋ほど。こうした漁場は水深によって三つに区分されている。すなわち、浅い場所から

「イソノマ」、「ナカノマ」、「オキノマ」とよばれ、マスは沖の「オキノマ」から釣れはじめ、最盛期をむかえる頃になると釣れる場所が「ナカノマ」に移り、その頃は「オキノマ」の場所にかかる魚の数は減りはじめる。やがて「イソノマ」でマスが釣れはじめると漁期も終りに近づく。

他の人より多くの漁獲を期待し、マスの延縄をいくつかの場所に延えることを希望すると、「番外」とよばれる漁場の権利を金銭の支払によって地域に了承してもらった。地域としても収入源になるので、いくつかの番外をあらかじめ決めておいたものだという。二八戸あった時は二つを番外として三〇ほどのクジをつくった。

マスの一本釣をおこなうための具体的な漁具、漁法は、長さ約五〇尋のシンナワとよばれる幹縄に五〇本から六〇本ほどのタテナワとよばれる枝縄をとりつけ、その先端に釣鉤と餌をつけておくが、シンナワ全体をイカリをうって固定しておくという漁具を用いる。このイカリをうつことを「フラセ」ともいうと聞いた。

五〇尋ほどのシンナワは稲藁を編んだ藁縄で太さは約二寸ほどのものが使われた。このシンナワの両端と中間の各所に桐材のウキを取り付ける。前述した「ツケ」がそれである。ツケは桐の丸太で、長さ一尺、直径三寸ほどのものを五本、一〇本とたばねて縛りつけておく。さらにタテナワを縛りつけるシンナワの部分に長さ一尺、直径三寸ほどの桐材のツケを一本ずつ縛り、その下にタテナワをたらす。タテナワをツケナワに縛る間隔はおよそ五尋おき。五〇本から六〇本のタテナワが使われる。タテナワの長さは一五尋から二〇尋ぐらい長くすることもある。

五〇尋ほどのばしたシンナワの両端には桐材のツケを縛り、シンナワを固定するために海底までワラヅナをさげて「トメ」とよばれる石のイカリをうつ。ワラヅナの太さは約三寸ぐらい。トメは一俵の米俵に河原や海岸の石を一五、六貫になるようにつめこみ、こうしてつくった俵を四、五俵をまとめて海底におろす。深い場所では約六〇ダチ（尋）ほどに沈める。こうしてシンナワが移動しないようにした。

タテナワには綿糸が用いられた。先端に釣鉤をつけるまでの漁具の装置は複雑である。まず、綿糸のタテナワの先端にロクロとよばれる「ヨリモドシ」をつけ、その下に鉛製のオモリ、さらにテグスを三尋ほどつけてから釣鉤がつく。

鉛製のオモリは長さ一尺五寸ほどで、中心部に一二、三番線ほどの針金を入れたもので重量は約一〇〇匁。オモリの重量は水深や潮流の影響を考慮して変化をもたせる。

また、場所によっては綿糸の長さが五尋から七尋、一〇尋というところもあった。

釣鉤や針金等は両津に出かけて購入したものが使われた。

マスを釣るための餌にはイワシ、コマイ等が使われた。イワシ等の餌は両津の加茂にイワシを漁獲するタテアミがあり、そこで水揚げされたイワシを運搬船でとどけてもらったり、北小浦からも買いに出かけたりした。ハマガヨイ（浜通い）という船もあったので、船の人にたのんで餌を入手することもあった。

マス釣は、朝出かけてシンナワについているタテナワを一回あげおわると一五〇匹もとれたことがあるというが、こうしたときはシンナワを何本も入れておくときであった。普通の時はタテナワを一本ずつあげ、魚をはずしては新しい餌を付けておろしておくが、六〇本のタテナワのうち一〇数本も魚が釣れていれば多い方で、悪い時には六〇本のタテナワの半分ぐらいがからんでしまっていることもあった。

釣鉤にかかっているマスは、ワダモとよばれるタモ網で掬いとる。ワダモを忘れていった時は素手でつかんでとったという。

ワダモはトウヅルで輪をつくり、網の部分は麻糸を用いてつくった網をかける。網袋が深すぎると魚を取り出す時に手間がかかるので、浅くしたが、あまり網袋が浅いと、魚が跳ねてとりにくいので一尺ぐらいの深さに決めてつくった。また、魚を活かしておくためには網目を小さくしておくとウロコがとれてしまうので、できるだけ大きくするように心がけた。漁獲したマスは、船中のイカシガメに入れる。

マスは鮮魚として両津に出荷した。

(4)アブラメ一本釣

アブラメ釣は九月、一〇月におこなわれた。この釣りはオカ（岡）からの釣りであるため、船を使わない。

長さ五尋ほどの竹棹を用いる。釣り糸には綿糸か麻糸が用いられたが、先端の五寸ほどの長さはテグスを使用。釣鉤は両津で購入したものを使った。餌はフナムシ（砂の中にいる）などを使って釣った。

以上、北小浦における漁撈（業）及び漁具について、使用される材質を風土とのかかわりをもたせるために、自給性に視点をあててみてきた。この地域では漁獲量が多いわけでもなく、八月から一一月頃までは海とかかわりのある生業がもたれても、一〇月を過ぎる頃から海が荒れはじめ、冬期はマスの延縄漁とわずかばかりのイソネギ漁がおこなわれるだけとなる。

マスについては、土用の頃になると産卵のために河川にのぼり、産卵後の一一月頃になると河川をくだるので、トアミ（投網）でも漁獲できたという。古川、小浦川などは上流にいっても魚がすむ場所もないが、川合川は大きな淵が七つぐらいあったので、そうした場所でマスがとれたという。

また、定置網は大正時代ごろはおこなわれていなかったし、サザエも商品にはならなかった。しかし自家消費用として採取していた。この村の地先にウニはぜんぜんいない。だが、ナマコは自家消費程度に捕獲できた。したがって、イソネギではタコ、アワビが売り物になる主なものであった。

タコ等は冬期に捕採するため、船上においても活かしておくことができたが、イカシバコとよばれるイケスをつくって、その中へ入れておいた。イカシバコは杉材か松材を用いて自製した生簀で、大きさは縦七〇センチ、横五〇センチ、深さ五〇センチほどの大きさのもの。全面に小孔をあけ、海水のとおりをよくするように工夫してある。このイカシバコの中に捕採物を入れ海中につけておいたり、帰宅してからは海岸近くにおき、石をのせておいたりした。約二貫目ほどを入れることができた。

イソネギの漁具一つをみても、自家消費用のサザエ採取をおこなうためのサザエヤスは、ガマズメと呼ぶ、よくしなう材質を吟味して使っているほか、柄につづく木製部分を十文字割りにした後部約三尺にとどめ、ホコネの長さ約二尋にするのは、あまり長くすると全体の重量が重くなるのを防ぐためで、適当な長さにとどめ、あとは軽いマダケ（竹棹）を四尋ほどつけるなど、あらゆるところに工夫がみうけられる。

（4）まとめ

北小浦における「生活と民具」のかかわりは、この他に醸造・製造用具、保存加工用具、飼育用具、機織用具、製糸用具、炊事用具、調理調整用具、飲食器具、嗜好品用具、結髪化粧用具、貯蔵用具、信仰用具、服物など約二〇〇件におよび、裁縫用具、洗濯用具、文房具なども含めればそれ以上になる。しかし、残念なことではあるが紙幅の関係があるので本稿ではこれらにかかわる詳細な記載は割愛せざるをえない。

戸数わずか三〇戸あまりの海付きの小村を例に、伝統民具と風土とのかかわりを農耕具や漁具等の生産用具を中心にみてきた。

この小村は以前、倉田一郎によって調査がおこなわれ、柳田國男がそのフィルドノートをまとめあげ、昭和二四年に日本民俗誌叢書の一冊として刊行された『北小浦民俗誌』の舞台である。表1に示した如く、両津市内海府《うちかいふ》支所の住民票によると三四軒（世帯数三四）、男七五人、女七九人の合計一五四人の村にすぎない（表1参照）。

海付きの村で、過去三回も村が火災にあっており、地元の人の言葉をかりれば「小浦の焼けっぱち」というのだと苦笑するほどで、明治にはいって二回、それ以前にも大火（オオヤケ）が

表1　北小浦の家数と人口

No	世帯主	男	女	合計
1	磯野一亥	1	2	3
2	浅井聰一	1	2	3
3	岩岸義男	1	3	4
4	岩岸義一	4	1	5
5	金子龍雄	4	4	8
6	川上儀一	2	3	5
7	川端忠雄	2	3	5
8	北沢秀雄	2	4	6
9	北沢陽	3	3	6
10	北沢喜好	2	1	3
11	北沢寛一	4	3	7
12	北秋男	3	2	5
13	小出慶作	4	4	8
14	小出義隆	3	1	4
15	小出哲司	2	2	4
16	斉藤昭子	1	1	2
17	斉藤敏夫	3	2	5
18	塩沢美	3	4	7
19	竹森正男	2	2	4
20	辻光夫	4	3	7
21	中村勇	2	1	3
22	南藤幸作	3	4	7
23	橋本信義	2	2	4
24	橋本チヨ	1	3	4
25	橋本政雄	1	1	2
26	幡本嘉業	1	4	5
27	古川三重子		1	1
28	本間義孝	2	1	3
29	山口隆右	2	4	6
30	山口由太郎	3		3
31	山口善保	1	5	6
32	山本正一郎	3	1	4
33	山本トヨ		1	1
34	渡辺英樹	3	1	4
合計		75	79	154

昭和50年6月20日現在

あったと伝えられている。それ故、地方文書などの史料は少ない。

それでも立派に立ちあがり、今日におよんでいるのは、海付きの村であるが、海はあまり利用されず、炭焼、農耕生活、放牧と山にむかっての生活が色濃く、それにかかわる比重が大きいため、住居は火災で失われても、生活にかかわる民具製作等の原材料をよういに入手できたという点にあったとみられる。なお、牛の飼育や、牧場、垣番《かきばん》（牛の放牧番人）等に関しては、『北小浦民俗誌』と重複するので省略した。

こうして、限定された地域社会の暮らしを、そこで使用されている民具とのかかわりでみると、他地域との交流がすくなく、孤立的であればあるほど、自然環境としての風土との強い結びつきの上に暮らしを展開せざるを得ないといえる。

すなわち、物質文化面からいえば、孤立性が強ければ強いほど、風土的色彩をもった生活文化が色濃くなり、他地域との交流があり、開放性が強ければ、風土的色彩のうすい生活文化となるというように両極的な規定がなされることがわかる。北小浦はその一方の極にちかい。

街（都市）の暮らしにおいて風土性が欠落していく傾向がみられ、そうした現象が特に物質文化面において顕著に表われるのはそのためであるといえよう。

以上、暮らしをとりまく自然環境（風土）の中で、伝統的な民俗生活を営みつづけてきた地域での、そこで使用されてきた民具群を構造的にとらえながら生産、生業の一端をみた。

日本民俗学における民具研究のありかたを検討し、位置づけを明確にするための基本的な作業としても、暮らしの中での自給民具（自製民具）のしめる割合を把握することは重要である。と共に、民俗学における民具研究を風土とのかかわりで研究するうえでのメルクマールとして自給民具（自製民具）のしめる割合を知ることは必要不可欠であるといえよう。

『北小浦民俗誌』は一五〇頁の小冊子である。したがって、北小浦の詳細な生産、生業だけを知るにも十分とはいえる内容ではない。しかし、本民具誌を加えれば、多小なりとも具体的に地域の暮らしが理解できることは、『民具誌』の必要性を認めることであるといえる。

ようするに、これまでのように、「民俗誌」を編むだけでなく、そこに「民具誌」を加味することによって、対象となる地域（村）の実態が、どれだけ具体的かつ実証的に理解できるかという事例を、以上の如く、北小浦を事例に生産・生業の一部を中心にすえて示した。

本稿をまとめるにあたっては、地元である北小浦の方々に大変お世話になった。特に話者の金子シズ（明治三一年一二月二五日生）、金子龍雄（大正一二年一〇月二五日生）、橋本政雄（大正二年一月一八日生）、山口由太郎（明治三七年一〇月二八日生）の各氏をはじめ金子龍雄宅の家族の方々には長期にわたってのご協力をいただいた。地元の『民具誌』をできるだけ詳細に編むということで熱心にご協力をいただいた諸氏に心より謝意を表するしだいである。

本稿においては、『北小浦民具誌』というより、聞取り調査の結果を断片的に報告したにすぎないきらいもある。しかし、それを承知で『民俗誌』に対して『民具誌』としたのは、これまでの民俗誌に共通する、民具研究面での記載の不足部分をより詳細におぎなえは、さらに内容豊富で活用範囲の広いものができる可能性と指針を示そうとした結果である。後日、機会をみて、補塡をおこなっていく所存である。

引用・参考文献

田辺　悟「北小浦における民具と生活　─民具研究と民俗学─」『日本民俗学の課題』日本民俗学会編、弘文堂、一九七八年
柳田國男『北小浦民俗誌』三省堂　一九四九年

付記　倉田一郎（一九〇六年〜一九四七年）の逝去後、二年後に柳田國男が倉田一郎の採集手帳をもとに執筆した。柳田は大正九年（一九二〇年）に佐渡の海府地方を旅している。倉田は二回目。

なお、参考として、本稿執筆以後の北小浦の補塡調査と、その結果を掲げておく。

「新潟県両津市（内海府）北小浦のイソネギ」『日本磯漁伝統の研究─磯漁民（見突漁民）の漁撈伝承研究─』〔Ⅷ〕千葉経済論叢　第三一号　千葉経済大学　二〇〇五年

9　民具展示の今日的意義と構成

(1) はじめに

近年、各地の博物館、資料館等においてもかなりの展示面積を民具資料の展示にさくようになった。このことは、民具の価値が認められたということからみて、喜ばしいことである。ところが、つきつめて、「民具がもち、民具にひそむ価値」を博物館資料としての民具に求めようとすると、それは学術的な価値、あるいは教育効果をあげるための価値などを意識しながらも、不明瞭な点が多い。特に未来に対する志向をも含め、現代社会において、なぜ民具展示が必要かを考える時、上述のような感を深くする。それ故、本稿においては、第一に、博物館等で展示するにあたっての民具のもつ今日的な意義と、民具に内在する価値はどうおさえるべきなのか、その価値を博物館資料として展示した場合、どういう教育効果を期待すべきなのか、そして第二に、あわせて常設展示と特別展示とのかかわりにおける民具の展示構成のありかたやかかわりを、民具をとおしてみようとするものである。

したがって、第二に述べる点は、博物館資料としての民具を中心にすえながらも、民具資料だけがもつ今日的な課題にとどまらず、博物館等の常設展示と特別展示にかかわる関連、姿勢、とりくみ方を示すものであるといってよい。

（2）民具から学ぶ

まず第一に、博物館等で民具を展示するにあたっての民具のもつ今日的な意義と、民具に内在する価値をどうおさえるべきかについて述べることからはじめたい。

さきごろ刊行された『民具のみかた』(1)には、「民具から学ぶ」という章を掲げながらも「民具を作り使ってきた喜奴哀楽・祈願といった、いわば庶民のこころを理解すること」と述べるにとどまり、その基本となる、なんのために民具を学ぶのか、民具からなにが学べるのかという点が明確でないように思われる。

また、同書を拝読して考えさせられることは、『民具のみかた』は、その根底となる「なんの目的のために」ということが明確にされていないことである。

もし学ぶ心さえあれば民具からはくめどもつきぬ百般にわたってのことがひきだせるとしても、日的意識をもった人々がどれだけいるかが問題であり、意識をもたせる方法も含めて検討されなければならないことであろう。

それに、「民具から学ぶ」ということは、民具研究の専門家になろうとする人達のために提言されたものなのか、あるいは一般の人々に対して広く啓蒙のために編まれたものなのか、あいまいなところがある。

さらに、サブタイトルで「心とかたち」としながらも著者の立場は「知的」なのか「情的」なのか、あるいは知性と感性の両方にうったえようとしているのかなど、わからない点もある。

こうみていくと、第一に掲げたことだけを考えるためにも、先学達の提言をきめこまかにうけとめなければならないことに気づく。

ミケル・デュフレンヌの著した『人間の復権をもとめて』[2]を引用するまでもなく、かって構造主義としてもてはやされたレヴィ・ストロースのいう存在、概念、体系、構造といったものは体験の無意味性や主体の非実存性、意味の無力化など、人間の否認と解体をも意味するという構造主義そのものへの批判がある。

ところで、このように民具を調べる方法や見方を考える以前のこととして、また、民具を展示する前提として、民具（実物資料）そのものを「なんの目的のためにあつかうのか」を考えてみる必要があろう。

もし、構造主義者が認識するように、体験の無意味性や主体の非実存性、意味の無力化などが前面に押し出されるとすれば、天野武が『民具のみかた』で述べたように、「仕事場を再現する工夫をこらして民具を置けば、それが生活の実際ではどのような場所に置かれていたか、いかなる使われ方がなされたか、などがつかみやすい。また、民具に触れ、それを動かしてみれば、どのような材質のものをいかに活用しているか。編物や組立てがいかなる技法でなされているか、いかなる機能を果しているかなど、即物的に捕えられる」ということ自体が現代的な意味をもたないことにもなりかねなくなるといえよう。

しかし、現実をより建設的にみていこうとするのであれば、ミケル・デュフレンヌが述べているように、今日求められるものは道徳や政治、歴史への関心を高めていくための心の豊かさ、ふくらみでなければならないし、そのために、どれだけ民具（学）が現代学として貢献できるか、また、大いに活用されて次の世代まで生きながらえるかが問題にされなければならない。今日、我々に必要な心（認識）は、民具（学）の活用を現代社会にいかに役立てるかを考え、意欲をもつことである。

人間はモノに囲まれて生きている。だから山田宗睦が述べるように[3]、「その囲まれているモノの集積、性質、種類によって、人間の種の個性ができあがる。人間は、いまや世界の主人公になったように、思い上っているが、大きな眼でみると、世界を形づくるモノたちによって規定されていることに、かわりはない。モノたちこそ、人間のエレメントなのである。人間は、世界のつまりはモノたちの意識器官である。人間は、自分とモノとのあいだを往復して、モノたちの意識器官となり、そのことによって自意識をもつようになる。人間には、モノたちが多いことが必要であるし、モノへの関心、好奇心、詮索、思い入れを鋭くすることや、モノによる反発、拒否、受容、誘惑などにしなやかに耐え、乗じることが、たいせつである。そして、モノの方が自意識よりもはるかに豊かで奥行きのふかいことを悟る方が健康だし、そういう地平にいる方が自由だと知ることは、人間を謙虚にする」といえよう。

このことは、人間とモノは深いかかわりを日常の暮らしの中でもつことによって、個人が成長するのと同じように、モノによって育てられていくことを端的に述べているといえる。

しかし、ひるがえって博物館等に保管され、展示されているモノは、人間が日常生活においてとりかこまれているモノとは別に距離をへだてて存在しており、暮らしとは直接、現時点においては、かかわりをもたないということで特別の価値をみいだされたモノであり、残された価値が継続されていくモノであるといえる。すなわち、博物館資料としてのモノ（ここでは民具を中心に）は、暮らしの中で人間が囲まれているモノよりも、二重、三重に、さらにみいだせばそれ以上の複合された価値をもっているという点に特徴がある。このことは、モノの機能とか、属性とかいうことの他に、歴史的社会的価値、美術的な価値、学術的な価値など、人間がその文化の所産として遺し、また文化遺産として遺すにあたいすると考える価値をその中に包含しているからこそ保管され展示され、あるいは活用されるわけである。

無論、日々の暮らしの中で、現実に人間が囲まれている現役のモノの中にも、上述したことと同じような価値をもっているものは沢山ある。しかし、それらが捨てられて湮滅に帰すか、博物館等の諸施設に保管されるに至るかが別れぎわとなる。

したがって、人間が日々の暮らし中でモノと出会いをするとき、モノになんらかの価値をみいだしたり、心に感じて印象に残したり、モノを見る眼を変えたり、その結果として態度を変えたりするか、あるいはしないか。

そうしたモノとの出会いによって意識するしないにかかわらずうけた影響が人間の価値をも変えることにつながっているのだといってよいのではなかろうか。

とすると、博物館等の諸施設においては、モノを展示することによって意図的に、そのモノと出会う人間に「モノを意識し、感ずる心をもたせるような配慮」をしなければならないし、そうすることや、モノを感じさせたり、眼を凝らすほどの印象深いモノを保管されている資料の中から選択して展示することが必要になる。

民具展示について述べれば、民具に関して天野武が述べたことのほかに、民具とか物質文化とかいうこと以上に拡大的な意味でのモノとの出会いにおいて、人それなりに心の糧をひきだせるような配慮がそこに必要となる。博物館等の諸施設に展示されるモノは、参観者がそのモノと出会うことによって、人生を必ずプラスの方向にむけていくための動機づけとならなければならないであろう。

もとより、上述した人間の価値とは個々の人々を比較しての、人道的に反するものをさすのではなく、各個人がモノと出会った時を出発として意識的に意志を変えたり、行動をおこそうとしたりすることによって、自己改造をする過程をいっているにすぎない。

こうして考えてみると、「モノとの出会いの場」そのものが博物館等の諸施設なのだということもできる。

博物館等の諸施設には人間がいてモノがあり、そのかかわりが出発点となる。モノを収集したり保存したりすることは博物館等においては、その広がり、厚み、潤い等をもたせるための基礎となり、調査や研究をすることはモノの属性や機能等を明らかにして、人間の生活を向上させるために役立つ。

ただ、こうした人間とモノとの出会いの中で、特にモノを民具に限定したときいえることは「一点豪華主義」であってはならないということである。それは大島暁雄が述べているように[4]機能的、構造的に把握されなければならないことはいうまでもない。

しかし、民具展示の現状をみた場合、たしかに天野武が指摘したことまでも成しとげられていないのだが、今日までの展示にかかわる概念的な理解、あるいはその一部分を実行したとしても、民具の展示は、どこまでいっても復元のほんの一部分であり、暮らしの中でのごく一部分をきりとっての展示に終ることに変わりはない。

今日において必要な民具展示は民俗学や民具学、あるいは境界領域にまたがる周辺諸科学といった「学」としての方法論をも含めた展示を前面に押し出すのではなく、領域をもつ学問の世界を越えた「物質文化」なり、人間をとりまく「モノ」としての展示にまで求められなければならない参観者の知的欲求が現実にあるし、人間とモノとのかかわりを理解することに目的を追い求めていくことを念頭におき、このことを第一義的に実行することが今日的な課題として必要なことはたしかであるといえよう。

（3）「場」と「機会」の提供

第二に、博物館等の常設展示にあたって、民具展示の位置づけを、次の点におくべきであると考える。

すなわち、欧米諸国の近代的な文明に直接影響をうけない時代までの、我が国における伝統的な庶民文化を地域における主要なものから順に復元し、具体的にモノを通して、過去を考えるための教材とする。それは、諸外国の影響をまったくうけていないという意味ではない。すなわち、我が国は古代、中世においてすでに中国大陸や韓半島の文化的影響を強くうけているし、近世初頭以後においてもヨーロッパはもとより諸外国の影響をうけ、また文化をとり入れつつ近世末期に至っている。

それ故、地域の歴史の流れを具体的に理解できる資料として、庶民の生活文化を復元することに主力がそそがれるべきであり、そのためには主題を精選することが必要となる。伝統文化はそのために探るべきであろう。

博物館等における民具展示は、庶民の生活文化にねざした伝統を具体的に示し、今後、子々孫々に、なにを伝え、なにを遺し、どう生きるべきかを考えさせるとともに、歴史に学び、歴史をどうつくるかを日常生活の中で意識的に位置づけるための動機づけの場となることをめざすべきである。

歴史を学ぶということは、なにも過去における人類の知的遺産や我々日本人の足どりを単に時間の流れの中にある現象的な知識を豊富にするということではすまされない。むしろ歴史とはそういうことだということを学校教育で学習し、歴史がきらいになったと思いこんでしまった人達も多いとおもわれる。

私達が先人や他人の歴史を学ぶということは、まず私たちが自分の一生（歴史）をどう生きるべきか、ひととおりの人生をどう生き、過去から引き継がれてきたものを、次の世代の人々に文化遺産として伝えるにはどうすればよいのか。すなわち、「どう生き、どう残し、どう伝えるか」を考えることにある。

それは「日々の暮らしの中で郷土やそこに住む人達と、どうかかわりをもつかということを考え、実行するために考える時間をもち、人々が共通の意識を育てていくこと」が基本にあるといえよう。同質の意識をもった時間を共有することが大切だといえる。

今日、私達は共通の興味をもち、相互の関心を高めつつ、その輪をひろげようとしている。そして、自由な時間を暮らしの中により多くもとうと努力もしている。それは自発的な文化活動であり、個人としてみれば自分自身のライフスタイルでもある。

日々の暮らしの中で潤い、やすらぎ、豊かさなどをかみしめる時間をより多くもち、そうした時間の経過の中で、どう生きるべきかを思索し、人生の指針を（人生哲学）をみちびきだす。そうしたことに役立つ「場」と「機会」を多くの人々に提供するのが博物館等、生涯学習施設の使命であると考える。

したがって、博物館等は非日常的な知的空間として存在し、参観者に対して、知的な満足感と、精神的な安定感をもってもらえるような「場」でなければならない。

それ故、「民具展示」は前述の如く、学問の一分野としての民俗学や民具学及びその延長線上にある資料という以上に、過去を考える、歴史に学ぶための、学問分野を超越した資料的価値をもつものであり、また、その価値を展示において発揮させなければならない。

「歴史を学ぶこと」は私達が共通の興味や相互に関心をもつためのばいかいであり、それは人生を豊かにしようと努力する目的への手段であるからでもある。

すなわち、歴史そのものの知識を学ぶだけでなく、歴史的な事実（過去）を通して人生を考え、そしてつくる。それは歴史をつくることでもあるといえよう。この「通して」、いろいろなことを考えることが大切なのであり、その意味で歴史とは今そのものであり、歴史をつくるのは私達そのものなのだといえよう。

民具展示は、上述のような歴史的背景をも含めた構造的な展示をおこなうことが重要である一方、他方においては系統的な主題を設定しての「分化的な展示」が必要となる。そして両方が互にかかわり、おぎなうことにより、民具展示は一層の教育的効果を高めることができる。

その両者の関係を比喩的に模式化すれば、菊科の頭花にみられるように、内側の筒状花の関係と外側の舌状花のかかわりのごとくである。即ち、筒状花にあたる部分は構造的展示を役割的にはたさなければならない展示で、舌状花にあたる個々の部分は分化的展示をはたさなければならない展示である。

それは「ヒマワリの花」に例えられる模式図になるため、これを「日向葵式展示方式[5]」とよぶことにしたい。舌状花にあたる展示は特別展示によくみうけられるテーマ展示といってよい展示方法である。

以上のような二重構造的展示を構成し、一方で地域の史的背景を明確にし、他方で今日的課題を提供すること、あるいは時代の要求している主題を調査、研究の成果をふまえていちはやく設定し、民具展示を構成していくことが望まれるところであろう。歴史が現在及び未来に役立つためのものになるには、民具展示は「日向葵式展示方式」を積極的に実現することによって可能となる。

注

（1）天野　武『民具のみかた』第一法規　三五四頁　一九八三年
（2）ミケル・デュフレンヌ『人間の復権をもとめて』法政大学出版局　一九八三年
（3）山田宗睦『菊・日本文化を考える』講談社　一九八三年
（4）大島暁雄「民具研究の視点」『日本民俗学』一四五　日本民俗学会　一九八三年

（5）田辺　悟「民具展示の今日的課題」民具研究講座演旨　第一〇回　三〇―三一頁　日本常民文化研究所　一九八三年

初出一覧

拙著はこれまで、牛歩ながらも継続してきた研究・著作活動のうち、すでに発表してきた拙稿が根幹をなしている。ただし、本書の刊行にあわせて一部加筆、訂正、改題した項もある。本書の目次にそって、順に示せば以下の通りである。

第一部　民具学の歴史

1「民具学の航跡」　書き下し

2「民具学の誕生とモース」『もの・モノ・物の世界―木下忠先生追悼文集―』　雄山閣　二〇〇二年

3「モース研究の民具学的視点」『共同研究　モースト日本』　小学館　一九八九年

4「日本におけるモース・コレクションの研究」『モース・コレクション』　国立民族学博物館編　小学館　一九九〇年

5「モースの日本民具コレクションの意義」『共同研究　モースと日本』　小学館　一九八九年

6「残存民具と残滓民具の迫間―幕末に民具を見据えた三賢―」『技と形と心の伝承文化』　岩井宏實編　慶友社　二〇〇二年

7「民具研究三五年の動向と展望」『民具研究』　特別号　日本民具学会三〇周年記念　日本民具学会　二〇〇七年　「民具研究三〇年の動向と展望」を改題

第二部

1　民具学の方法

「民具学の方法(1)―方法論を考える―」『伊豆相模の民具』考古民俗叢書17　慶友社　一九七九年(『物質文化』25　立教大学　一九七五年)

2　「民具学の方法(2)―鎖状連結法―」『民具研究』53　日本民具学会　一九八四年

3　「民具学の方法(3)―釣鉤の地域差研究―」『海と民具』日本民具学会編　雄山閣出版　一九八七年「釣鉤《ママ》の地域差研究―民具研究の一方法として―」を改題

4　「民具学の構図」「民具マンスリー」第29巻3号　神奈川大学日本常民文化研究所　一九九六年

5　「民俗学からみた民具学」書き下し

6　「民具の定義」『伊豆相模の民具』考古民俗叢書17　慶友社　一九七九年

7　「民具研究と民俗学―北小浦における民具と生活―」『日本民俗学の課題』柳田國男生誕百年記念研究発表　日本民俗学会編　弘文堂　一九七八年「北小浦における民具と生活―民具研究と民俗学―」を改題

8　「北小浦民具誌―風土の中の民具伝統―」『日本の風土』九学会連合日本の風土調査委員会編　弘文堂　一九八五年「風土の中の民具伝統―北小浦民具誌―」を改題

9　「民具展示の今日的意義と構成」『横須賀市博物館報』31　横須賀市自然・人文博物館　一九八四年

あとがき

学生の頃から漁村や漁業の調査、研究に携わってきたので、漁具は身近な存在であった。しかし筆者の知るかぎり、出自《しゅつじ》にはなんの関係もないのを不思議に思う。

漁具の中でもアマ（海女・海士）さん達が使用してきた民具は『日本水産捕採誌』や『海女』（瀬川清子著）で図版や写真を見て間接的に知っていたので、全国的にいろいろの地域差があることには気付いていた。

その後、昭和三六年に三浦三崎の中学校に赴任した翌年、『日本の海女』という写真集が東京中日新聞社より刊行され、その中に各地のアワビを起こす箆（磯金）の写真が掲載されているのを見て興味や関心を深め、その地域差を調べてみようかと思うようになった。今になって想えば民具研究の第一歩といえるのかも知れない。

幸い、赴任した当時の三浦三崎、城ヶ島をはじめ、相模湾沿岸地域には真鶴から伊豆の川奈あたりまで海士（男）や海女さんが稼働していたので、アマさん達の使用してきた民具も数多く、調査、収集することができた。

そして最初にまとめあげた小冊子が『相州の海士』（神奈川県教育委員会刊・一九六九年）で

あった。

しかし、アマさん達の住む地域にお邪魔してわかったことは、小さな三浦半島は房総半島や相模湾を囲んで伊豆半島にはさまれているが、古くは海士さんばかりしか稼働していないことであった。

近世の錦絵（浮世絵）に描かれた江の島の海女さんも想像画（空絵）だし、真鶴の海女さんも大正時代以降、志摩半島から移り住んだことなどが明らかになったのである。

そこでさらに疑問に思ったのは、何故、こうした海士と海女の住みわけができたのかという点であった。鳥羽・志摩の海女さんの歴史は古いし、房総や伊豆の両半島にも海女さんがいるのに……。

当時のことを振り返ってみると、三崎に赴任した頃は、まだ学生時代からの社会学を続け、昭和三八年には「城ヶ島漁村の教育社会学的研究」で平凡社の下中教育奨励賞をいただいたりしていた。

しかし、その頃になると日本社会学会の主流は共同研究に移りつつあり、学会の根幹をなす部分は大学等のチームによる共同研究で、ささやかな個人的な研究成果は、学会でも枝葉の部分になりつつあった。

あわせてその頃、丸山久子先生（相模民俗学会）の紹介で日本民俗学会に参加する機会を得た。

出席してみると、これはなんと、民俗学会では個人の事例発表や調査結果の披露がまかり通っていたのである。

地方在住の郷土史研究家らしい諸氏が風呂敷包みに資料をたずさえ、発表がはじまり、「こんな事例があります…」と発表がはじまると、会場から驚きの声がもれたりするのだ。その時、「これは社会学より、個人プレーがまだ通用する、民俗学に乗り換えた方がよさそうだ…」と考えるようになった。

しかし、法政大学の指導教授栢野晴夫先生が渡欧中、当時の東京水産大学教授田辺寿利先生に師事して水産（漁村）社会学を志向した際に、社会学会に入会させていただけないかと伺ったところ、先生が「あれは、ワシが設立《つくった》した学会だ、君は今日から会員だ…」といっていただいた恩義もあったので、すぐに日本社会学会を退会することもできなかった。

その頃、昭和三九年から四二年にかけて『日本の民具』（全四巻）が慶友社から出版された。当時としては高価な本で、筆者の一ヶ月の給与は一万六千円であったが、給与全部を注ぎ込んで全巻をそろえた。この本は、手元にあるだけでも嬉しく、幾度も見返し、そのたびに研究への志向、情熱と相まって夢も膨らみ、今でも熱い想い出となっている座右の書だ。

私事にわたって恐縮だが、これまで好きな研究生活を継続することができたのも学生時代から経済的に姉君（節子）の世話になった結果にもよる。特に、卒業論文の「漁業共同体研究序説」は、その頃に流行していたボストンバックに書籍をつめ込み、箱根の小涌谷にある温泉にはいったり、山歩きをして、楽しみながら執筆することができたことなど、若き日の想い出も多い。おくればせながら謝意を表したい。

以後、民俗学関係の書物を渉猟しつつ、櫻田勝徳先生はじめ、多くの先学のご指導をたまわる僥倖に恵まれた。丸山久子先生は、柳田國男先生の秘書をしていたといわれるだけあって民俗学に関する造詣も深く、民俗学会入会の橋渡しをしていただいた。

そのうちに本稿の「民具学の航跡」の中でも述べたが「民俗学における物質文化」についての議論が活発になりはじめたので『民具論集』の第三集に「アマの民具―南関東を中心に―」を発表した。昭和四六年のことである。

また、昭和四五年から横須賀市の博物館に籍を移したので博物館という職場にあわせ、民俗学の中でも精神文化より物質文化に調査、研究の軸足を移し、民俗資料（民具）の収集、調査研究を志向するようになった。

だが、その後、日本民具学会が設立された当初、筆者はすぐに会員になっていない。しかし、いったん学会が誕生すると、その情報量の多さに驚かされた。そんな経過があった後、筆者が入会したのは「日本民具学会通信」(8)によれば、新入会員（昭和五一年一二月一二日―五二年三月一〇日）とみえる。もっと早く入会した方がよかったのかと自問自答する昨今である。

最後に、出版にあたっては菊池健策、宮本瑞夫、岩井宏實、田村善次郎、山口徹、朝岡康二の各氏、慶友社の伊藤信一社長、伊藤ゆり常務取締役、同編集部の小林基裕氏に大変お世話をいただいた。心から御礼を申しあげるしだいである。

特に、小林基裕氏には個人的にご厚誼をたまわって久しく、あらためて、拙著でお世話になれることを光栄に存じているしだいである。

平成二六年五月二八日

「東海荘」にて

田　辺　　悟

著者略歴

田辺　悟（たなべ　さとる）

1936年、神奈川県横須賀市生まれ。法政大学社会学部卒業。海村民俗学、民具学、文化史学専攻。横須賀市自然・人文博物館館長、千葉経済大学教授を経て、現在、三浦市文化財保護委員会会長など。文学博士。日本民具学会会長、文化庁文化審議会専門委員を歴任。2008年旭日小綬章受章。

著書：『近世日本蜑人伝統の研究』『伊豆相模の民具』『海浜生活の歴史と民俗』『マグロの文化誌』（慶友社）、『海女』『網』『人魚』『イルカ』『鮪』『磯』（ものと人間の文化史・法政大学出版局）、『日本蜑人（あま）伝統の研究』（法政大学出版局・第29回柳田國男賞受賞）、『潮騒の島——神島民俗誌』（光書房）、『母系の島々』（太平洋学会）、『城ヶ島漁村の教育社会学的研究』（平凡社・第２回下中教育奨励賞受賞）、『現代博物館論』（暁印書館・昭和61年度日本博物館協会東海地区業績賞受賞）など。

民具学の歴史と方法

二〇一四年十月十一日　第一刷発行

著　者　田辺　悟

発行者　慶友社

〒一〇一—〇〇五一

東京都千代田区神田神保町二—四八

電　話〇三—三二六一—一三六一

ＦＡＸ〇三—三二六一—一三六九

組　版＝ぷりんてぃあ第二

印刷・製本＝㈱エーヴィスシステムズ

©ISBN 978-4-87449-249-9　C1039